Derechos de información, audiencia, consulta y participación de los representantes de los trabajadores

Carlos Hugo Preciado Domènech
Magistrado especialista del Orden Social del TSJ de Catalunya

Editorial Bomarzo

Primera edición 2012

c/ Dionisio Guardiola 1, 4º
02002 Albacete (España)
editorialbomarzo@ono.com
www.editorialbomarzo.es

Impreso en España.

ISBN: 978-84-15000-71-6

D.L.: AB-577-2012

Diseño: Javier Hidalgo Romero.

Maquetación: Juan Gómez Rubio.

Imprime: Estilo Estugraf Impresores S.L.

ÍNDICE

I. INTRODUCCIÓN 7

II. CONCEPTO DE INFORMACIÓN, AUDIENCIA, CONSULTA Y PARTICIPACIÓN 9

1. Derecho de Información 10

2. Derecho de Audiencia 14

3. Derecho de Consulta 16

4. Derecho de Participación 18

III. NATURALEZA Y LÍMITES DE LOS DERECHOS DE INFORMACIÓN, AUDIENCIA, CONSULTA Y PARTICIPACIÓN 21

1. Naturaleza 21

2. Límites a su ejercicio 23

2.1. Límites constitucionales 25

2.1.1. Derecho al honor 26

2.1.2. El derecho a la intimidad 28

2.1.3. Derecho a la protección de datos 29

2.2. Límites estatutarios 30

2.2.1. Finalidad de la información y ámbito de la empresa 31

2.2.2. Sigilo profesional 31

2.2.3. Secretos industriales, financieros o comerciales 33

IV. RÉGIMEN JURÍDICO DE LOS DERECHOS DE INFORMACIÓN, CONSULTA, AUDIENCIA Y PARTICIPACIÓN 35

1. Organización internacional del trabajo (oit) 35

2. Unión europea 36

2.1. Derecho originario 36

2.2. Derecho derivado 38

3. Normativa interna 39

3.1. Constitución española 39

3.2. Leyes orgánicas y ordinarias 40

3.3. Autonomía colectiva 41

V. INFORMACIÓN SOBRE CONTRATACIÓN 43

1. Copia básica de los contratos 43

2. Contratos con obligación de entrega de copia básica 43

3. Contenido de la copia básica 45

4. Otros derechos de información en materia de contratación 47

VI. INFORMACIÓN SOBRE SITUACIÓN DE LA EMPRESA Y EVOLUCIÓN DEL EMPLEO 49

VII. INFORMACIÓN EN CONTRATAS Y SUBCONTRATAS 53

VIII. DERECHO DE INFORMACIÓN Y MODIFICACIÓN DEL CONTRATO DE TRABAJO 55

1. Movilidad funcional 55

2. Traslados individuales 57

3. Modificación sustancial de las condiciones de trabajo de carácter individual 59

4. Imposición de sanción por falta muy grave 60

5. Extinciones por causas objetivas 61

6. Información sobre jornada: horas extraordinarias y complementarias 63

6.1. Horas extraordinarias 63

6.2. Horas complementarias 64

7. Información sobre abono de salarios: abono en forma distinta a pago efectivo y salarios a comisión 65

7.1. Forma de pago 65

7.2. Salarios a comisión 66

8. Información sobre venta de bienes de la empresa 66

IX. DERECHO DE INFORMACIÓN EN MATERIA DE PREVENCIÓN DE RIESGOS LABORALES 69

X. DERECHO DE INFORMACIÓN E IGUALDAD DE TRATO 73

XI. DERECHO DE AUDIENCIA 75

1. Despidos y sanciones a afiliados 75

2. Medidas de carácter colectivo 78

2.1. Reestructuraciones de plantilla y ceses totales o parciales, temporales o definitivos de aquélla 78

2.2. Reducciones de jornada 79

2.3. Traslado total o parcial de las instalaciones 82

2.4. Procesos de fusión, absorción o modificación del estatus jurídico de la empresa que impliquen cualquier incidencia que pueda afectar al volumen de empleo 84

2.5. Planes de formación profesional de la empresa 84

2.6. Implantación o revisión de sistema de organización y control del trabajo, estudios de tiempos, establecimiento de sistemas de primas e incentivos y valoración de puestos de trabajo 86

3. Expedientes a representantes de los trabajadores o delegados sindicales 89

3.1. Ámbito subjetivo 91

3.2. Ámbito objetivo 91

3.3. Forma 92

4. Informe sobre el calendario laboral 92

4.1. La elaboración del calendario laboral anual 93

4.2. El contenido del calendario 93

4.3. Límites 94

4.4. Consecuencias de la falta de consulta e informe 94

5. Trabajos de superior categoría 95

XII. DERECHO DE CONSULTA 97

1. Despidos colectivos 97

1.1. Marco comunitario 97

1.2. Marco nacional 100

2. Traslados colectivos 109

2.1. Sujetos del período de consultas 110

2.2. Contenido del período de consultas 111
2.3. Finalización del período de consultas 111
2.4. Impugnación de la decisión empresarial 111
3. Modificación sustancial de las condiciones de trabajo colectivas 112
4. Reducciones de jornada y suspensiones de contratos de trabajo 113
5. Sucesión de empresa 115
6. Procedimiento de inaplicación de convenio 118
7. Delegados de Prevención 121

XIII. TUTELA DE LOS DERECHOS DE INFORMACIÓN, AUDIENCIA, CONSULTA Y PARTICIPACIÓN 123
1. Tutela judicial 124
1.1. Procedimiento de tutela de la libertad sindical 124
1.2. Procedimiento de Conflicto colectivo 127
1.3. Proceso ordinario 127
2. Tutela administrativa 128

ANEXO NORMATIVO 129

I. NORMATIVA SOBRE DERECHOS DE INFORMACIÓN Y CONSULTA DE LOS REPRESENTANTES DE LOS TRABAJADORES 131

II. NORMATIVA SOBRE INFORMACIÓN Y CONSULTA EN DESPIDOS COLECTIVOS 136

III. DOCUMENTACIÓN ANEXA EN EL PERÍODO DE CONSULTAS 146

IV. COMPETENCIAS DE LOS DELEGADOS DE PREVENCIÓN 150

Capítulo I

INTRODUCCIÓN

El presente trabajo tiene por finalidad proporcionar una perspectiva general de los derechos de información, audiencia, consulta y participación de los representantes de los trabajadores y de los representantes sindicales en las empresas, analizando supuestos de aplicación práctica resueltos por la doctrina de los tribunales, todo ello a la luz de las recientes y sustanciales reformas laborales acaecidas en el contexto de crisis económica que asola Europa, y en especial España desde 2008.

El interés de esta nueva perspectiva viene dado por las recientes reformas operadas en el Derecho laboral, como la Ley 35/2010, de 17 de septiembre; la Ley 36/2011, de 10 de octubre, Reguladora de la Jurisdicción Social (LRJS) o la reciente Ley 3/2012, de 6 de julio.

En particular, la reforma introducida por la Ley 3/2012 supone una profunda reestructuración de los equilibrios de poder en el seno de la empresa; y si la información es poder, qué duda cabe que el replanteamiento del estado de la cuestión relativa a los derechos de información de los representantes de los trabajadores a la luz de esta nueva normativa tiene un innegable interés práctico, sobre todo para los miembros de comités de empresa, delegados de personal, delegados sindicales o afiliados a sindicatos que habrán de afrontar procesos de flexibilidad interna, externa, o en el peor de los casos ambos.

En este sentido, la desaparición de los expedientes de regulación de empleo transforma el período de consultas en el último límite extrajudicial al poder empresarial antes de la decisión más grave que en ejercicio de tal poder puede adoptarse, cual es la extinción colectiva de contratos de trabajo. Asimismo, la potenciación del poder de decisión empresarial en el marco de la flexibilidad interna, enfrentará a los representantes de los trabajadores y a las empresas a procesos de reestructuración cada vez más frecuentes, en los que los derechos de información, audiencia, consulta y participación cobrarán un renovado y capital interés.

Por ello, intentaremos hacer una revisión de los derechos de información con el propósito de facilitar una visión global, actual y práctica, lo cual supondrá dejar en el tintero cuestiones de indudable interés, que no pueden desarrollarse en el ámbito de este trabajo por desbordar ampliamente los objetivos propuestos.

Capítulo II

CONCEPTO DE INFORMACIÓN, AUDIENCIA, CONSULTA Y PARTICIPACIÓN

La participación de los trabajadores en la empresa es una reivindicación obrera que hunde sus raíces en los primeros movimientos obreros del siglo XIX. El sentido de la participación de los trabajadores en el contexto de un Estado social como España viene expresado en el deber de los poderes públicos de promover las condiciones para que la libertad e igualdad de los trabajadores en la vida económica y social sea real y efectiva (arts. 9.2 y 129.2 CE).

Desde una perspectiva histórica y comparada, la participación colectiva en la toma de decisiones de la empresa puede estructurarse conforme a la siguiente graduación de mayor a menor[1]:

1) Gestión obrera y sistemas conexos.

2) Participación de los trabajadores en los órganos directivos y en los consejos de supervisión de las empresas.

3) Organismos reglamentados para la colaboración dentro de las empresas entre los trabajadores y la dirección (representantes unitarios).

4) Participación colectiva sobre base voluntaria (sistema de consultas mixtos, compuestos de representantes patronales y obreros).

5) Participación mediante la acción sindical.

Los derechos de información, audiencia, consulta y participación que aquí vamos a tratar se enmarcan dentro de un sistema de colaboración dentro de la empresa, es decir de participación débil, que es el imperante en nuestro Derecho y en el Derecho de la Unión Europea.

Estos derechos también son clasificables en función del grado de participación de los representantes de los trabajadores en la decisión empresarial de mayor a menor en: derecho de decisión, derecho de

---

1 MONEREO PÉREZ, J. L., *Los derechos de información de los representantes de los trabajadores*, Ed. Civitas, Monografías; 1ª Edición 1992, p. 80. Nota a pie de página 8.

colaboración en las medidas adoptadas, derecho de consulta o deliberación, derecho de audiencia y derecho de información[2].

Hecha esta primera aproximación, ahora abordaremos el concepto de cada uno de los derechos objeto de este trabajo: información, audiencia, consulta y participación.

1. DERECHO DE INFORMACIÓN

La información puede tratarse como un derecho individual del trabajador [art. 4.1 g) ET y 129.2 CE] o como un derecho colectivo cuya titularidad corresponde a los representantes unitarios o sindicales, que es la perspectiva que examinaremos en este trabajo (arts. 40, 41, 51, 64 y otros del ET).

Desde esta óptica colectiva, se entiende por información la transmisión de datos por el empresario a la representación unitaria, a fin de que ésta tenga conocimiento de una cuestión determinada y pueda proceder a su examen (art. 64.1 ET).

Ejemplos (art. 64.2 ET): el comité de empresa tiene derecho a ser informado trimestralmente sobre diversas cuestiones, como la evolución general del sector económico a que pertenece la empresa, de las previsiones del empresario de celebración de nuevos contratos, etc.

El concepto de información desde la perspectiva de los representantes de los trabajadores o, en su caso, delegados sindicales (art. 10.1.3 LOLS), comprende el derecho a informar, el derecho a ser informado y el derecho a informarse.

- Derecho a informar a los trabajadores en todos los temas y cuestiones previstos en el art. 64 ET, en cuanto directa o indirectamente tengan o puedan tener repercusión en las relaciones laborales [art. 64.7.e) ET].

- Derecho a informarse por sí mismos, ejerciendo sus competencias de vigilancia y control (art. 64.7 ET). Manifestaciones explícitas y particularmente intensas de este derecho se contemplan en la normativa de prevención de riesgos laborales [vid art. 36.2 c) LPRL].

- Derecho a ser informado por el empresario en los términos que prevé la legislación (art. 64.1 ET).

Por otro lado, desde la perspectiva de los representantes unitarios o sindicales, podemos distinguir dos vertientes del derecho de información: activa y pasiva.

[2] BORRAJO DACRUZ, E., Introducción al Derecho del trabajo, p. 125 y ss.

- Activa: derecho a informar (transmitir datos a los trabajadores) y a informarse (obtener datos por sí mismos, en ejercicio de las funciones de vigilancia y control que el ET les asigna).

El derecho a informar es un derecho de libertad, que constituye la plasmación en el ámbito laboral del derecho fundamental previsto en el art. 20.1 d) CE de comunicar o recibir (desde la perspectiva del trabajador) libremente información veraz por cualquier medio de difusión.

Su exponente en el ET lo hallamos tanto en el art. 64.7 e) ET, que contiene el derecho del comité de empresa a informar a sus representados en todos los temas y cuestiones señalados en tal precepto en cuanto directa o indirectamente tengan o puedan tener repercusión en las relaciones laborales; como en el art. 68 d) ET, que contempla la garantía del comité de expresar con libertad sus opiniones (libertad de expresión, que hay que distinguir de la libertad de información), pudiendo publicar y distribuir sin perturbar el normal desenvolvimiento del trabajo, las publicaciones de interés laboral o social, comunicándolo a la empresa. En tanto que derecho fundamental, tal derecho está sujeto a las técnicas de interpretación, límites, garantías y procedimientos de tutela propios de los derechos fundamentales y libertades públicas.

En este sentido, tiene dicho el TC que la transmisión de noticias de interés sindical, el flujo de información entre el sindicato y sus afiliados, entre los delegados sindicales y los trabajadores, «es el fundamento de la participación, permite el ejercicio cabal de una acción sindical, propicia el desarrollo de la democracia y del pluralismo sindical y, en definitiva, constituye un elemento esencial del derecho fundamental a la libertad sindical» (SSTC 94/1995, de 19 de junio, FJ 4 y 168/1996, de 25 de noviembre, FJ 6).

Para concluir con la perspectiva activa del derecho de información, tenemos el derecho a informarse, consistente en el derecho a indagar o investigar que, a parte de las fuentes que lo regulan [art. 64.7 ET y art. 36.2 c) LPRL], ha sido ampliamente reconocido por la doctrina del TC y del TS[3] (vid. STC 142/1993 y STS de 2 de noviembre de 1999, rec. 1387/1999).

---

[3] *"... el comité, para ejercer su labor de vigilancia del cumplimiento de las normas laborales, de Seguridad Social y empleo, así como el resto de los pactos, condiciones y usos de empresa en vigor, y las condiciones de seguridad e higiene en el trabajo [art. 64.1.9 a) y b) ET], habrá de contar con la información que consiga por sus propios medios (...) y con aquella otra que la empresa está obligada a entregarle".*

- Pasiva: derecho a ser informado. Es un derecho de configuración legal que comporta un deber de prestación del empresario, que tiene por finalidad garantizar la función de control de la dirección de la empresa, y es un presupuesto necesario para garantizar una efectiva participación democrática de los trabajadores en las empresas y la democratización de las estructuras empresariales [arts. 9.2 y 129.2 CE y arts. 4.1 g) y 61 ET][4].

Se regula en el art. 64.1 ET y en numerosos preceptos del ET y normas laborales especiales [art. 42 ET sobre contratas y subcontratas; art. 44.6 sobre sucesión de empresas; Disposición adicional 3ª b) del Real Decreto 1561/1995 relativo al informe mensual sobre horas extraordinarias; etc.].

El derecho a ser informado se cumple con la recepción de la información en la forma prevista en el art. 64.6 ET.

Este derecho se tutela mediante sanciones administrativas (art. 7.7 del Texto Refundido de la Ley de Infracciones y Sanciones del Orden Social, de 4 de agosto de 2000 –LISOS–), tipificándose como infracción muy grave *"la transgresión de los derechos de información, audiencia y consulta de los representantes de los trabajadores y de los delegados sindicales, en los términos en que legal o convencionalmente estuvieren establecidos"*. También puede tutelarse mediante una acción declarativa y de condena a hacer una cosa determinada (art. 709 LEC –informar por escrito con cierta periodicidad sobre determinados aspectos–), o por vía de conflicto colectivo (art. 153.3 de la Ley Reguladora de la Jurisdicción Social –LRJS–).

En cuanto a la naturaleza de este derecho, hay que enfatizar que los derechos de información pasiva no son derechos fundamentales o libertades públicas y no son, por tanto, susceptibles de amparo constitucional o de las demás garantías que revisten tales derechos[5]. Así lo

---

[4] MONEREO PÉREZ, J. L., *Los derechos de información de los representantes de los trabajadores*, Ed. Civitas, Monografías; 1ª Edición 1992, p. 242.

[5] La STC 107/2000, de 5 mayo estableció que "... *En cuanto al art. 64.1.3 LET porque dicho precepto atribuye al comité de empresa la competencia de emitir informe previo a la ejecución por parte del empresario de las decisiones adoptadas por éste en una serie de materias que lista el precepto, entre ellas las relacionadas en sus apartados d) y e), esto es, la implantación o revisión de sistemas de organización y control de trabajo, y el estudio de tiempos, establecimiento de sistemas de primas o incentivos y valoración de puestos de trabajo, respectivamente.*

Para resolver esta queja conviene precisar que la eventual infracción de los preceptos citados de la LET ha de quedar, en principio, fuera de nuestro análisis, pues se trata de meras infracciones de la legalidad ordinaria (como se reconoce en la propia demanda de amparo) que, en cualquier caso, no afectan a derechos sindicales".

ha dicho el TC en reiteradas ocasiones (STC 142/1993 y 107/2000), la primera al analizar la Ley 2/1991, de 7 de enero, sobre derechos de información de los representantes de los trabajadores en materia de contratación, que estableció el deber del empresario de entregar a la representación legal de los trabajadores una «copia básica» de todos los contratos de trabajo que celebre y que deban formalizarse por escrito. El TC afirmó que "... *dicha ley no tiene por objeto desarrollar o regular el ejercicio de derechos fundamentales, y se limita a establecer unos determinados deberes empresariales de información en favor de los órganos de representación del personal, materia que en modo alguno puede entenderse desarrollo o restricción de derechos fundamentales o regulación de aspectos consustanciales de los mismos, tanto en lo que se refiere al derecho de libertad sindical como en lo que se refiere al derecho a la intimidad*".

Los derechos de información tienen un carácter esencialmente instrumental, pues la información es:

- Para el control (art. 64.7 ET); ya que la vigilancia y control supone el acceso a la información con la finalidad de constatar el cumplimiento de la legalidad vigente y de evitar, por ejemplo, fraudes en la contratación.

- Para la consulta; dado que la información permite a los representantes de los trabajadores expresar una opinión fundada y contrastada con la realidad de los hechos, datos o noticias.

Tanto es así que la consulta presupone la información no pudiendo existir aquélla sin ésta (art. 51.2 ET información contenida en la memoria explicativa y en la comunicación de apertura del período de consultas en los despidos colectivos)[6].

- Para la negociación: cuando la información es previa y condiciona un proceso negociador de convenios o acuerdos, que es una manifestación del principio de buena fe en la negociación [art. 89.1 y 4.1 c) ET] (vid STC 107/2000, de 5 de mayo).

En cuanto a la forma y contenido del derecho de información el art. 64.6 ET dispone que "la información se deberá facilitar por el empre-

[6] Vid también los arts. 6, 7 y 8 del Real Decreto 801/2011, de 10 de junio, relativos a la documentación a facilitar a los representantes de los trabajadores en el período de consultas en los despidos colectivos por causas económicas, técnicas, organizativas o productivas. Normas provisionalmente vigentes conforme a la Orden EES/487/2012, de 8 de marzo, en tanto el Gobierno no apruebe un nuevo Reglamento de despidos colectivos adaptado al Real Decreto-Ley 3/2012.

sario al comité de empresa, sin perjuicio de lo establecido específicamente en cada caso, en un momento, de una manera y con un contenido apropiados, que permitan a los representantes de los trabajadores proceder a su examen adecuado y preparar, en su caso, la consulta y el informe".

En lo que atañe al origen y alcance de la información que ha de recibir el comité de empresa, éste, para ejercer su labor de vigilancia del cumplimiento de las normas laborales, de Seguridad Social y empleo, así como el resto de los pactos, condiciones y usos de empresa en vigor, y las condiciones de seguridad e higiene en el trabajo [art. 64.19 a) y b) ET], habrá de contar con la información que consiga por sus propios medios y con aquella otra que la empresa está obligada a entregarle; entendiendo por tal sólo aquella que el legislador –que la ha detallado en los arts. 64.1, 39.2, 40.1, 41.2 y 44.1 ET–, y en su caso el pacto colectivo, han considerado necesaria y suficiente para que el comité pueda desempeñar con éxito las competencias que tienen reconocidas para la defensa, protección y promoción de los intereses de los trabajadores, sin que pueda exigir de la empresa un deber de información más extenso o intenso que los previstos en las normas laborales y convencionales.

2. DERECHO DE AUDIENCIA

La audiencia consiste en el derecho de los representantes unitarios o sindicales a ser oídos con carácter previo a la adopción de ciertas decisiones empresariales, emitiendo en determinados casos informes.

Ejemplos del derecho de audiencia son:

- Audiencia previa al despido o sanción de trabajador afiliado a sindicato (art. 10.3.3 LOLS y art. 55.1 ET y 64.1.7 ET).

- Audiencia a los delegados sindicales previa la adopción de medidas de carácter colectivo (art. 10.3.3 Ley Orgánica de Libertad Sindical –LOLS–).

- Audiencia e informe en los expedientes disciplinarios contra representantes de los trabajadores [art. 55.1 y 68.a) ET].

- Audiencia e informe con carácter previo a la ejecución por parte del empresario de las decisiones adoptadas por éste sobre las materias previstas en el art. 64.5 ET, como las reestructuraciones de plantilla y ceses totales o parciales, definitivos o temporales, de aquélla, etc.

- Informes en materia de prevención de riesgos (art. 36.3 LPRL).

Los informes que deba emitir el comité de empresa deberán elaborarse en el plazo máximo de quince días desde que hayan sido solicitados y remitidas las informaciones correspondientes (art. 64.6 ET).

Los efectos de la falta de solicitud informe han sido en algunas ocasiones la nulidad de la decisión empresarial:

- Cesión de parte de la plantilla no precedido del preceptivo informe del comité de empresa, al exigirlo así el art. 64.1.4º a) ET, que conlleva la nulidad del acuerdo de cesión de los trabajadores (STSJ Comunidad Valenciana de 18 octubre, rec. 784/1999).

- Adopción de medidas de control del correo electrónico mediante un programa "espía" sin informe previo del comité de empresa (STSJ Comunidad Valenciana de 19 julio, rec. 1343/2005).

En ocasiones la improcedencia del despido es la consecuencia que se asigna legalmente a la omisión del trámite de audiencia, como prevén los art. 55.3 y 55.1 ET.

En otros casos, la doctrina ha distinguido los supuestos de necesaria negociación previa (consultas), como traslados colectivos (art. 40 ET) o modificación sustancial colectiva (art. 41 ET), de los supuestos en que se exige sólo un informe previo por el art. 64 ET. Así, la STSJ Canarias/Las Palmas, de 20 de diciembre de 2002, en un supuesto de cambio de centro de trabajo de un trabajador afirma que la omisión de tal informe no vicia de nulidad la decisión empresarial, razonando que *"el artículo 64 del Estatuto de los Trabajadores, que regula los derechos de información y consulta del comité de empresa. A estos efectos ha de diferenciarse entre el régimen jurídico de los artículos 40 y 41 del Estatuto de los Trabajadores, en los que se configura, como en los artículos 47 y 51, un auténtico derecho de negociación colectiva en materia de modificaciones, traslados, suspensiones y despidos colectivos, de forma que la propia legalidad de la medida empresarial puede verse afectada por la vulneración de dicho derecho, de los meros derechos de consulta e información del articulo 64, cuya vulneración podrá dar lugar a distintas responsabilidades de la empresa, pero no condiciona con carácter general la legalidad de la medida laboral que ha de ser objeto de dicha información y consulta".*

Por otro lado, por sí sola, la ausencia de informe previo del comité en los supuestos de emplazamiento de aparatos de grabación de la imagen para control de la ejecución del trabajo no se ha considerado que vicie de nulidad la prueba de esta forma obtenida (STSJ Cataluña de 5 de febrero, rec. 7939/1998; STSJ La Rioja de 30 mayo, rec. 94/2002). Ello evidencia que el derecho a la información pasiva del comité de empresa no se considera como un derecho fundamental, sino como un derecho de configuración legal, pues de lo contrario su infracción supondría la ilicitud de la prueba obtenida y la imposibilidad de valorarla.

Sin embargo, este derecho de información pasiva es un soporte imprescindible para el derecho de información activa, tanto de los representantes unitarios como de los sindicales, por lo que su negativa reiterada incide en ese otro derecho de información activa que, como hemos visto, sí es un derecho fundamental.

3. DERECHO DE CONSULTA

Por consulta se entiende el intercambio de opiniones y la apertura de un diálogo entre el empresario y el comité de empresa sobre una cuestión determinada incluyendo, en su caso, la emisión de informe previo por parte del mismo (art. 64.1 ET). En las consultas puede incluirse el deber de negociar de buena fe, aunque no el deber de llegar a acuerdos, por lo que la decisión termina siendo del empresario.

La consulta presupone la información, comporta un deber de escuchar y de tomar en consideración las opiniones de los representantes de los trabajadores[7].

En la consulta la intervención de los representantes de los trabajadores va más allá de un mero informe, pues existe la posibilidad de alcanzar ciertos acuerdos que pueden tener proyección sobre el conjunto de la plantilla[8].

Ejemplos relevantes de importancia trascendental en la vida de la empresa en que se contempla la consulta de los representantes de los trabajadores, los encontramos en los siguientes preceptos:

- Traslados colectivos (art. 40.2 ET).

- Modificación sustancial de las condiciones de trabajo (art. 41.4 ET).

- Adopción de medidas laborales en supuestos de cesión de empresas (art. 44.9 ET).

---

[7] MONEREO PÉREZ, J.L., *Los derechos de información de los representantes de los trabajadores*, Ed. Citivas, Monografías; 1ª Edición 1992, pp. 100-105.

[8] COLLADO GARCÍA, L. y AAVV., *La representación de los trabajadores en la empresa*, Ed. Bomarzo, 2011.

- Suspensiones de contrato y reducciones de jornada cualquiera que sea el número de trabajadores de la empresa y del número de afectados por la suspensión (art. 47 ET).

- Despidos colectivos (art. 51.2 ET).

- Inaplicación del convenio colectivo de empresa o de sector, cuando concurran causas económicas, técnicas, organizativas o productivas (art. 82.3 ET)[9].

- Consulta a delegados de prevención en los supuestos previstos en el art. 33 LPRL: planificación y organización del trabajo e introducción de nuevas tecnologías, organización y desarrollo de actividades de protección de la salud, etc.

Las características del derecho de consulta son, resumidamente:

- La consulta es previa a la ejecución de la decisión empresarial.

- Su inexistencia o insuficiencia comporta nulidad de la decisión empresarial.

- No terminan necesariamente con acuerdo, siendo la decisión final de la empresa.

- Se fija plazo legal de duración de la consulta (15 días, 30 días...).

En cuanto al contenido y modo de la consulta el art. 64.6 ET dispone que deberá realizarse, salvo que expresamente esté establecida otra cosa, en un momento y con un contenido apropiados, en el nivel de dirección y representación correspondiente de la empresa, y de tal manera que permita a los representantes de los trabajadores, sobre la base de la información recibida, reunirse con el empresario, obtener una respuesta justificada a su eventual informe y poder contrastar sus puntos de vista u opiniones con el fin, en su caso, de poder llegar a un acuerdo sobre las cuestiones objeto de consulta, y ello sin perjuicio de las facultades que se reconocen al empresario en relación con cada una de dichas cuestiones. En todo caso, la consulta deberá permitir que el criterio del comité pueda ser conocido por el empresario a la hora de adoptar o de ejecutar las decisiones.

---

9 La inaplicación del convenio colectivo, conforme a la redacción dada por la Ley 3/2012 al art. 82.3 ET, puede afectar a: a) Jornada de trabajo; b) Horario y la distribución del tiempo de trabajo; c) Régimen de trabajo a turnos; d) Sistema de remuneración y cuantía salarial; e) Sistema de trabajo y rendimiento; f) Funciones, cuando excedan de los límites que para la movilidad funcional prevé el artículo 39 de esta Ley y g) Mejoras voluntarias de la acción protectora de la Seguridad Social.

4. DERECHO DE PARTICIPACIÓN

Los trabajadores tienen derecho a participar en la empresa a través de los órganos de representación unitaria (comités de empresa y delegados de personal) sin perjuicio de otras formas de participación [vid art. 61 ET y art. 4 g) ET].

Téngase en cuenta que estas formas de participación, en tanto que son titularidad de las representaciones unitarias, no se enmarcan en el contenido de la libertad sindical, salvo algunas excepciones, pues el TC ha reiterado que la libertad sindical no es de titularidad de las representaciones unitarias (SSTC 37/1983, 118/1983, 197/1990, 134/1994, 74/1996, 95/1996, etc).

La actividad sindical realizada por las representaciones unitarias queda fuera del ámbito de la libertad sindical del art. 28 CE y, por tanto, de sus mecanismos de garantía y tutela.

El derecho de participación engloba los derechos de información, audiencia y consultas, de modo que información, audiencia, consulta y participación se asemejan a las "matrioskas", cada uno incluye el anterior y se contiene en el siguiente.

En cuanto a la referencia del art. 61 ET a "otras formas de participación", se pueden destacar la del personal laboral al servicio de las Administraciones públicas (vid arts. 35 y ss. del EBEP, arts. 8 y ss. LOLS, arts. 33 y ss. LPRL y Ley 10/1997 sobre derechos de información y consulta de los trabajadores en las empresas y grupos de empresas de dimensión comunitaria).

Además de este derecho de participación general, "matrioska" que comprende los derechos de información, audiencia y consultas, existen otras formas de participación específicas, previstas en el ET, entre las que podemos destacar:

- Participar, como se determine por convenio colectivo, en la gestión de obras sociales establecidas en la empresa en beneficio de los trabajadores o de sus familiares.

- Colaborar con la dirección de la empresa para conseguir el establecimiento de cuantas medidas procuren el mantenimiento y el incremento de la productividad, así como la sostenibilidad ambiental de la empresa, si así está pactado en los convenios colectivos.

- Colaborar con la dirección de la empresa en el establecimiento y puesta en marcha de medidas de conciliación.

Por tanto, los derechos de información, audiencia y consulta, como derechos de los representantes unitarios son formas de participación en la empresa que se enmarcan dentro del conjunto de formas de participación de los trabajadores en la empresa que los poderes públicos han de promover a fin de remover los obstáculos que impidan o dificulten la igualdad en la vida económica (laboral) de los trabajadores (art. 129.2 y 9.2 CE).

NATURALEZA Y LÍMITES DE LOS DERECHOS DE INFORMACIÓN, AUDIENCIA, CONSULTA Y PARTICIPACIÓN

1. NATURALEZA

Desde un plano general puede afirmarse que los derechos de información, audiencia y consulta tienen una naturaleza esencialmente instrumental, pues son herramientas de la democracia industrial encaminadas a influir en las decisiones del empresario, que suponen una relativa participación en el poder[10].

La participación en la vida económica de los trabajadores, proclamada como clave de bóveda de la organización de las relaciones de trabajo en el Estado social (art. 9.2 CE), tiene su particular expresión en las relaciones de poder de la empresa e impide concebir ésta como ámbito de ejercicio de un poder ilimitado derivado de la libertad de empresa (art. 38 CE), que se ve así condicionada por la participación de los trabajadores en la toma de decisiones que les afectan o pueden afectar.

Descendiendo a un plano más concreto, los derechos de información de los representantes de los trabajadores en la empresa tienen una naturaleza que difiere en función del enfoque (activo o pasivo) de los mismos. Así, como hemos visto, los derechos de información activa (el derecho a informar a sus representados) encuentran un sólido enclave constitucional en el derecho a la libertad de información y expresión recogido en el art. 20 CE (vid. STC 126/1990).

Cuando esa información activa la despliega un representante sindical, o incluso un simple afiliado al sindicato, además del derecho a la información habrá que tener en cuenta el derecho a la libertad sindical (art. 28 CE), en su contenido de derecho a la actividad sindical. En efecto, forma parte de la libertad sindical el derecho de los delegados sindicales a mantener informados a sus representados y el derecho de

10 MONEREO PÉREZ, J. L., *Los derechos de información de los representantes de los trabajadores,* Ed. Civitas, Monografías; 1ª Edición 1992, p. 82.

todo afiliado a distribuir información sindical, fuera de las horas de trabajo y sin perturbar la actividad normal de la empresa [art. 2.2.d) y art. 8.1 b) LOLS]. Asimismo, las secciones sindicales de los sindicatos más representativos de los que tengan representantes en los comités de empresa u órganos equivalentes en las Administraciones públicas tienen derecho al tablón de anuncios con la finalidad de facilitar la difusión de avisos de interés para sus afiliados y trabajadores [art. 8.2 a) LOLS].

En contraste con los derechos de información activa, que acabamos de examinar, hay que plantearse la naturaleza de los derechos de información pasiva, cuya titularidad se asigna a los representantes unitarios (art. 64 ET) y a los delegados sindicales (art. 10.3.1 LOLS).

En principio dichos derechos son derechos de configuración legal, no derechos fundamentales. Desde este rango legal, estos derechos son expresión del derecho de participación del art. 129.2 CE. Sin embargo, cuando se ejercen por los delegados sindicales, forman parte de la actividad sindical (para informar, primero hay que ser informado) y se integra en la libertad sindical el derecho de los delegados sindicales a acceder a la misma documentación e información que la empresa ha de poner a disposición del comité de empresa, así como a mantener informados a sus representados (STC 213/2002, de 11 de noviembre)[11].

Por otro lado, los derechos de información tienen la virtualidad de actuar como límite de otros derechos, en particular del poder de dirección (art. 20 ET) y de la libertad de empresa (art. 38 CE).

En efecto, conforme tiene establecido la jurisprudencia (STS de 2 de noviembre de 1999, rec. 1387/1999) los derechos de información de los representantes de los trabajadores, propios de los sistemas de democracia industrial, aun teniendo origen en el art. 129.2, en conexión con el 9.2 de la Constitución y siendo un instrumento imprescindible para que aquéllos puedan desarrollar las funciones que les son propias, implican una evidente limitación del derecho de dirección del empresario que también consagra la propia Constitución en su art. 38 y recoge el Estatuto de los Trabajadores en su art. 20.

[11] Vid también STSJ Madrid de 4 noviembre, rec. 4448/2011, referida al Servicio Madrileño de Salud, en la que se concluye que constituye una vulneración del derecho fundamental, en su vertiente del derecho a la información de la sección sindical demandante, la sustitución de la entrega de la copia básica de los contratos celebrados con personal estatutario temporal por un listado con datos disociados de los mismos, que impide al sindicato ejercer la facultad de control y cumplimiento de los acuerdos adoptados en la negociación colectiva, sobre contratación temporal, sin que dicha entrega implique una vulneración del derecho a la intimidad personal.

Desde esta óptica de derechos de configuración legal y límites de derechos constitucionales, los derechos de información de los representantes de los trabajadores no pueden ser objeto de interpretación extensiva (vid. por todas, STS de 2 de noviembre de 1999, ya citada), debiéndose ajustarse "a lo que sea necesario para conseguir el fin consustancial a ese cometido" –STSJ País Vasco de 16 de enero 1992, rec. 1761/1991–, y, en general, limitarse a cuestiones colectivas, no a aspectos individualizados.

Por tanto, los derechos de información pasiva de los representantes de los trabajadores son derechos de configuración legal, en el marco constitucional de la participación en la empresa, que se erigen en límite constitucionalmente legítimo a la libertad de empresa y que no son susceptibles de interpretación extensiva, si bien actúan como contenido de la libertad sindical cuando nos referimos a representantes sindicales, como presupuesto de su derecho a informar a sus afiliados.

2. LÍMITES A SU EJERCICIO

El respeto a la ley y a los derechos de los demás es uno de los fundamentos del orden político y la paz social que proclama el art. 10.1 CE, que expresa con claridad que en un Estado social y democrático de derecho los derechos subjetivos son esencialmente limitados; o dicho de otra forma, no existen derechos ilimitados (vid STC 120/1990)[12].

Pero a parte de esta limitación esencial, interna a todo derecho, dimanante de su lógica coexistencia con los derechos de los demás y que comporta su delimitación, existen otros límites, los externos.

En efecto, los límites de los derechos pueden concebirse desde dos planos: límites externos (límites en sentido propio) o límites internos (delimitación).

Los externos son reducciones contingentes impuestas sobre su objeto por quien goza de habilitación para ello. Son externos, contingentes y constitutivos (art. 28 CE: posibilidad de exceptuar del derecho de sindicación a las Fuerzas o Institutos armados o de regular las peculiaridades de su ejercicio para los funcionarios públicos).

Los límites internos consisten en la delimitación necesaria del derecho, interpretando quiénes son sus titulares, el objeto o el contenido, a través de la interpretación, por lo que los límites internos o delimi-

[12] Salvo algunos supuestos concretos, como el derecho a no sufrir torturas protegido por el art. 15 CE (vid. STC 151/1997).

tación son siempre una operación necesaria y previa a la limitación. Para limitar un derecho éste debe estar previamente delimitado; o dicho de otra forma, para reducir o afectar el contenido de un derecho, primero debemos delimitar este contenido[13].

Por tanto, en relación a los límites podemos hablar de limitar (afectar contenido ya definido) o delimitar (definir el contenido).

En el seno de la relación laboral, el TC ha tenido ocasión de definir los límites y contenido de las libertades públicas en sus SSTC 81/1983, 120/1983, 137/1990 y 126/1990, y en todas ellas proclama rotundamente el principio del inevitable entendimiento de las facultades que en ellas se integran, como poderes subjetivos que no carecen de límites, sino que, por el contrario, están sometidos tanto a la restricción representada por los derechos ajenos protegidos por la Ley e igualmente respetables, cuya agresión en el pretendido ejercicio de libertades públicas es ilegal, como a la que representan los módulos en que por imperativo del derecho común, debe mantenerse siempre en el ejercicio de cualquier situación de poder jurídico, particularmente la buena fe y la condición social de dicho ejercicio, según prescribe el artículo 7.1 y 2 del Código Civil; es decir, un límite exógeno impuesto por las prescripciones positivas que definen los márgenes representativos del mínimo de convivencia en la paz social y plenitud del resto de los derechos fundamentales, que, como las libertades ajenas a la dignidad de todos, también están protegidas al mismo nivel, por debajo del cual se frustra la plenitud de todos estos valores y se imposibilita su desarrollo; y un límite endógeno, impuesto por la esencia del concepto mismo de derecho, ontológicamente incompatible con el abuso, el daño de los bienes sociales o el fraude de los fines del ordenamiento (vid STSJ Catalunya de 24 mayo, rec. 260/2007).

Sentadas estas premisas, en este capítulo nos centraremos en los límites internos, en "delimitar" los derechos de información, audiencia y consulta, fundamentalmente precisando sus contornos cuando entran en conflicto con otros derechos. En efecto, la interpretación de estos derechos, exige el examen de sus límites lógicos o inmanentes, derivados de su coexistencia con otros derechos, con lo que pueden y suelen entrar en liza.

Por tanto, trataremos los límites internos o la delimitación de los derechos de información, abordando el estudio en función de la fuente que

[13] VILLAVERDE MENÉNDEZ, I. y AAVV, Teoría General de los Derechos fundamentales en la CE de 1978.

contempla el derecho o poder con el que coexisten los derechos de información. Así, distinguiremos entre los límites constitucionales y los límites estatutarios[14], partiendo de que los derechos de información, consulta y participación son derechos de configuración legal y que, por tanto, es el legislador en cada momento el que perfila su titularidad y contenido, hallando como límites las normas internacionales (ej. Convenio 135 OIT) o las supranacionales (ej. Directiva 2002/14).

2.1. LÍMITES CONSTITUCIONALES

Hay que destacar como derechos y normas constitucionales que limitan los derechos de información, audiencia y consulta el derecho al honor y a la intimidad (art. 18 CE), así como el derecho a la protección de datos (art. 18.4 CE y LO 15/1999).

Por otro lado, como límites inherentes al derecho que se ejercita y dado que se suele informar y opinar de forma indistinta, habrá que distinguir entre libertad de expresión (cuyo objeto son ideas u opiniones) de libertad de información (cuyo objeto son hechos o acontecimientos), pues sus límites internos son diversos.

En este sentido, la libertad de expresión e información es, en sustancia, un único derecho proclamado en los art. 20 de la Constitución Española y en el art. 10 del Convenio Europeo de Derechos Humanos, cuyo régimen jurídico varía según prevalezca la divulgación de hechos o la emisión de juicios de valor de carácter subjetivo, pues mientras en el primer caso se le impone constitucionalmente el requisito de veracidad, este atributo no es predicable de las opiniones personales que podrán ser razonables o estúpidas, pero no verdaderas o falsas. Sucede, sin embargo, que ambos supuestos no se presentan de forma nítida y, como recuerda el TC (STC 192/1999), «en los casos reales que la vida ofrece, no siempre es fácil separar la expresión de pensamientos, ideas y opiniones de la simple narración de unos hechos, pues a menudo el mensaje sujeto a escrutinio consiste en una amalgama de ambos».

En cuanto a la veracidad, hay que destacar de la misma que cuando una información facilitada a terceros por el comité viene precedida de una conducta de ocultación de información por la empresa, ignorando las previsiones del art. 64.1° del Estatuto de los Trabajadores, la doctrina ha declarado que no puede exigir después que las cifras manejadas por los representantes de los trabajadores sobre la evolución del

[14] Sistemática seguida por MONEREO PÉREZ, J. L., *Los derechos de información de los representantes de los trabajadores*, pp. 270-331.

empleo en la empresa gozaran de una rigurosa y total exactitud, pues aunque así no fuera no por ello quedarían privados de protección ya que, como hace notar la doctrina constitucional, el requisito de la veracidad hay que predicarlo más que del informador de la información y "... cabe que, pese a ello, la información resulte inexacta o errónea, lo que no puede excluirse totalmente, pero la información rectamente obtenida y difundida es digna de protección (STC 6/1988, FJ 5) aunque su total exactitud sea controvertible o se incurra en errores circunstanciales que no afecten a la esencia de lo informado" (STC 52/2002, de 25 de febrero).

2.1.1. Derecho al honor

El derecho al honor se reconoce en el art. 18 CE, y protege el aprecio social, la buena fama, la reputación y la autoestima de toda persona. Es el derecho a que otros no condicionen negativamente la opinión que los demás han de formarse sobre nosotros (STC 49/2001). Corresponde a todos ser humano, por estar íntimamente vinculado con la dignidad humana y también a las personas jurídicas (SSTC 139/1995 y 183/1995)[15].

El art. 20.3 CE establece como límite interno positivo al derecho de información y expresión, entre otros el derecho al honor.

El derecho al honor, en efecto, colisiona frecuentemente con las libertades de información y expresión, que se ejercitan cuando se llevan a cabo los derechos de información activa y de expresión por los representantes de los trabajadores o sindicales. En este sentido, el ET reconoce en su art. 68 d) el derecho de los representantes unitarios a expresar con libertad sus opiniones en las materias concernientes a la esfera de su representación, pudiendo publicar y distribuir, sin perturbar el normal desenvolvimiento del trabajo, las publicaciones de interés laboral, o social, comunicándolo a la empresa.

Muestra máxima de esta colisión en el plano legal, es que el ET considera como infracción laboral susceptible de despido las ofensas verbales o físicas al empresario o a las personas que trabajan en la empresa o a los familiares que convivan con ellos [art. 54.2 c) ET].

En el contexto de la relación laboral el derecho a la información y a la libertad de expresión han de considerarse doblemente modulados por el derecho al honor y por la buena fe en el contrato de trabajo.

[15] DÍEZ PICAZO, L. M., *Sistema de Derechos Fundamentales*, 2ª Edición, Thomson-Civitas, 2005, pp. 299 y ss.

Hechas estas consideraciones, la doctrina jurisprudencial sobre el conflicto derechos de información *vs* derecho al honor puede resumirse como sigue (STS 20 abril 2005, rec. 6701/2003)[16]:

1) La celebración de un contrato de trabajo «no implica en modo alguno la privación para el trabajador de los derechos que la Constitución le reconoce, entre ellos el derecho a difundir libremente los pensamientos ideas y opiniones (art. 20.1.a CE)» (STC 204/1997 y las que en ella se citan), por cuanto que las empresas «no forman mundos separados y estancos del resto de la sociedad» (STC 88/1985 y las muchas que reproducen esta máxima).

2) «La transmisión de noticias de interés sindical, el flujo de información entre el sindicato y sus afiliados... constituye un elemento esencial del derecho fundamental a la libertad sindical» (STC 94/1995).

3) Más concretamente, la denuncia de hechos de relevancia pública, efectuada a través de medios adecuados y de forma proporcionada, por parte de los trabajadores o sus representantes, puede estar amparada por el ejercicio de los derechos fundamentales de libertad sindical y libertad de expresión (SSTC 126/1990, 6/1995, 186/1996, 57/1999 y 90/1999).

4) No obstante, el complejo de derechos y obligaciones que genera el contrato de trabajo modula el ejercicio de los derechos fundamentales, puesto que la buena fe en esta relación contractual comporta un «límite adicional al ejercicio de la libertad de expresión» (STC 241/1999), de donde se desprende que manifestaciones que incluso en otro contexto pudieran ser legítimas, no tienen por qué serlo necesariamente en el ámbito de dicha relación (SSTC 120/1983 y 4/1996, entre otras muchas).

---

16 En esta sentencia se declaró procedente el despido de miembros del comité de empresa de CCOO en período preelectoral, por difundir un escrito en el que se vierten las siguientes expresiones: *«dirigidas a consejeros, vocales, directores de centro, jefes de personal, accionistas y demás fauna (que) pasaban ante nosotros»: a) «mafias fascistas que controlan la empresa»; b) «el capo di tutti capi se reunía con la familia para repartir los territorios y los esbirros custodiaban la fortaleza, realmente era una visión de Chicago años 20»; c) «al otro lado estaban los terroristas de cuello blanco que campan a sus anchas por la empresa y que utilizan cualquier medio para seguir manteniendo el estado de terror que impera en la empresa»; d) «a los únicos que echamos en falta en el sarao fue a los pistoleros a sueldo de FASGA y FETICO» (siglas de sindicatos con implantación en la empresa); y e) «banda terrorista que es el Corte Inglés». La rúbrica o titular de la hoja distribuida es «Junta de accionistas: demócratas y terroristas»; y la invitación con la que concluye plantea de nuevo la disyuntiva «¡tú decides el bando!: con los demócratas o con los terroristas».* Vid sobre dicha sentencia el editorial del número 30 de la Revista de Derecho Social y el comentario, en el mismo número, de María Fernanda Fernández López sobre Libertad de expresión y libertad sindical. La respuesta del Tribunal Supremo.

5) Con carácter general, «el ejercicio de la libertad de expresión –también el del derecho a la información– no puede justificar sin más el empleo de expresiones o apelativos insultantes, injuriosos o vejatorios que exceden del derecho de crítica y son claramente atentatorias para la honorabilidad de aquel cuyo comportamiento o manifestaciones se critican» (STC 204/1997).

En este sentido, se ha considerado contrario al derecho al honor, por constituir ofensa verbal, la difusión por un miembro del comité de empresa de un escrito en el que se hacen públicos los nombres de nueve trabajadores, a los que se tacha de faltos de ética y compañerismo por prestarse a declarar en los juicios a favor de la empresa y se les tilda de defensores de un sistema de represión y chantaje utilizado por la empresa, calificando el suyo como un "sucio papel" y afirmando que se haría lo mismo con otros que se prestaran a declarar[17].

Para terminar, el deber del empresario de informar al comité de empresa de las sanciones impuestas por faltas muy graves, previsto en el art. 64.4 c) ET, no se ha considerado que vulnere el derecho al honor del sancionado, como ha dicho la STS de 26 de noviembre de 1987 (RJ 1987/8692).

2.1.2. El derecho a la intimidad

El art. 18 CE reconoce el derecho a la intimidad personal y familiar, que en el art. 20.4 CE se cita como un límite concreto de las libertades de información y expresión.

A nivel estatutario, el art. 4.2 e) ET reconoce el derecho a la intimidad de los trabajadores en la relación de trabajo.

Son numerosos los conflictos con el derecho de la intimidad de los trabajadores en el marco de la relación laboral, en particular en el ámbito del ejercicio de la potestad de control del cumplimiento de la prestación por parte del empresario (art. 20.3 ET)[18]. Sin embargo nos vamos a ceñir a los supuestos de colisión entre los derechos de información de los representantes de los trabajadores y el derecho a la intimidad.

En este ámbito se ha suscitado el problema de si vulneraba el derecho a la intimidad la información que recibe el comité de empresa sobre copias del contrato, retribuciones, y demás datos profesionales.

---

[17] STSJ Catalunya núm. 3907/2007 de 24 mayo, rec. 260/2007.

[18] Vid. SSTC 186/2000 sobre juicio de proporcionalidad para la restricción de derechos fundamentales del trabajador en el supuesto de instalación de videocámaras. Vid SSTS 26 septiembre de 2007, rec. 966/2006, sobre uso de medios y herramientas informáticas de la empresa por el trabajador y control de su actividad laboral.

En cuanto a las retribuciones, el TC en la sentencia 142/1993 ya dejó claro que la información a los representantes de los trabajadores de las retribuciones de éstos no lesiona su derecho a la intimidad. Así lo ha entendido también el TS en su sentencia de 19 febrero 2009, rec. 6/2008, en la que concluye que la retribución o salario no es un dato de carácter personal ni íntimo susceptible de reserva para salvaguardar el respeto a la intimidad. Se trata de un elemento esencial del contrato de trabajo, de naturaleza contractual, laboral y profesional, no siendo necesario recabar el consentimiento previo del trabajador individual para que los representantes sindicales puedan acceder, en su caso, a dicho dato.

Más recientemente, la STS de 3 de mayo de 2011, rec. 168/2010, se ha pronunciado en el sentido de que la intimidad del trabajador no comprende las retribuciones de su trabajo, por pertenecer éstas a las relaciones sociales y profesionales que el trabajador desarrolla fuera de su ámbito personal e íntimo. En parecidos términos la SAN 105/2010, de 2 noviembre, procedimiento 162/2009, declaró que no afecta a la intimidad la información detallada, distribuida por años y comprensiva del importe económico total y del número de trabajadores beneficiarios, desglosadas por cada uno de los niveles, funciones y grupos profesionales así como el total de las cuantías abonadas y correspondientes a cada nivel y grupo profesional por este concepto, en el Banco de España.

En cuanto a la copia básica del contrato, incide en el ámbito de la intimidad los datos relativos al DNI y fecha de nacimiento de los funcionarios inscritos en la bolsa que permite acceder al complemento de productividad[19].

2.1.3. Derecho a la protección de datos

Este derecho se reconoce en el art. 18.4 CE que dispone que la ley limitará el uso de la informática para garantizar el honor y la intimidad personal y familiar de los ciudadanos y el pleno ejercicio de sus derechos. Dicho precepto es objeto de desarrollo por la LO 15/1999, de 13 de diciembre (LOPD).

En el ámbito de los derechos de información de los representantes de los trabajadores hay que destacar los datos relativos a la vigilancia de la salud de los trabajadores (vid arts. 22 LPRL), que no pueden ser usados con fines discriminatorios ni en perjuicio del trabajador. Se trata

[19] STSJ CONT de 16 de febrero de 2004, rec. de apelación 108/2004.

de datos especialmente protegidos (art. 7.2 LOPD) y en consonancia con ello la LPRL descansa sobre dos principios vertebrales: la voluntariedad del reconocimiento médico, como regla general, y el principio a la confidencialidad de la información relacionada con el estado de salud[20].

Los delegados de prevención, conforme al art. 36.2 b) LPRL tiene acceso con las limitaciones del art. 22.4 a la información y documentación relativa a las condiciones de trabajo que sean necesarias para el ejercicio de sus funciones, y en particular a la prevista en los arts. 18 y 23 LPRL, en concreto la práctica de controles del estado de salud de los trabajadores y conclusiones obtenidas en los términos recogidos en el art. 22.4 [art. 23.1 d) LPRL].

La información médica de carácter personal sólo es accesible al personal médico y a las autoridades sanitarias sin que puedan facilitarse al empresario o a los representantes de los trabajadores sin consentimiento del trabajador. Sin embargo, los delegados de prevención pueden tener acceso a las conclusiones que se deriven de los reconocimientos médicos a fin de ejercitar sus funciones. No obstante, esas conclusiones deben restringirse a las que tengan que ver con la aptitud del trabajador para el desempeño del puesto de trabajo (información que interesa sobre todo al empresario), o con «la necesidad de introducir o mejorar las medidas de protección y prevención» (lo que afecta tanto al empresario como a los órganos con competencias en materia de prevención), o con el desarrollo correcto de las funciones en materia preventiva (lo que se refiere sobre todo a esos órganos recién citados)[21].

La problemática que suscita el derecho a la intimidad y a la protección de datos en el tema de la vigilancia de la salud en materia preventiva es densa y extensa; baste sin embargo a los efectos de este estudio dejar meramente apuntados los principales puntos de conflicto.

2.2. LÍMITES ESTATUTARIOS

Dentro de los límites que hallamos en el propio ET a los derechos de información, audiencia y consulta de los representantes de los trabaja-

[20] Ver sobre el tema TOSCANI GIMÉNEZ, D., *Reconocimientos médicos de los trabajadores y su régimen jurídico laboral,* Editorial Bomarzo, Albacete, 2011.

[21] Vid. la interesante sentencia del Juzgado de lo Social núm. 4 de Sevilla de 7 febrero, procedimiento 825/2005; sobre acceso por el trabajador al resultado del test de personalidad efectuado por la empresa en el marco de la vigilancia de la salud.

dores, hemos de destacar la finalidad de la información, el sigilo profesional y los secretos industriales, financieros o comerciales, ordenados de menos a más según el alcance de la restricción de los derechos de información de los representantes de los trabajadores.

2.2.1. Finalidad de la información y ámbito de la empresa

El art. 65.3 ET dispone que en todo caso, ningún tipo de documento entregado por la empresa al comité podrá ser utilizado fuera del estricto ámbito de aquélla ni para fines distintos de los que motivaron su entrega.

Éste es un límite que juega respecto de todas las informaciones, pero en especial respecto de las no reservadas y sujetas al deber de sigilo, y que impone a los destinatarios de la información el uso razonable de la misma dentro de sus ámbitos con respeto a los fines para los que le fue entregada (STS 13 de diciembre de 1989, RJ 1989/9200). Por supuesto, este límite se ve reforzado cuando existe un deber de sigilo de contenido más exigente que el mero uso razonable y en el caso de datos secretos no tiene sentido hablar de límite al derecho de información, pues éste se ve anulado por el secreto.

Como hemos dicho ya, el derecho a la información tiene un carácter esencialmente instrumental para el control, la consulta y la negociación; y es en el marco de estos fines donde dicha información cobra sentido, por lo que su uso para fines particulares o distintos de los legalmente asignados sería un abuso de confianza o transgresión de la buena fe contractual que, en función de su gravedad, podría sancionarse incluso con el despido [art. 54.2 d) y 58 ET].

Sin embargo, dicha conclusión ha de matizarse en el sentido de que el quebrantamiento del deber de sigilo profesional no puede ser merecedor del despido cuando se deba a una decisión colegiada y no individual, adoptada en el ejercicio de las funciones representativas (STSJ Madrid 6 febrero 2001, rec. 5301/2000); por lo que en estos casos hay que entender de plena aplicación la teoría gradualista y habrá que estar al supuesto concreto, sin que puedan aventurarse reglas generales.

2.2.2. Sigilo profesional

El art. 68.2 y 3 ET dispone que los miembros del comité de empresa y éste en su conjunto, así como, en su caso, los expertos que les asistan, deberán observar el deber de sigilo respecto de aquella información que, en legítimo y objetivo interés de la empresa o del centro de trabajo, les haya sido expresamente comunicada con carácter reservado.

El deber de sigilo subsistirá incluso tras la expiración de su mandato e independientemente del lugar en que se encuentren.

Este deber de sigilo se extiende a los delegados de prevención por los arts. 30.4 y 37.3 LPRL.

En cuanto a su alcance, el deber de sigilo no es exigible en cualquier caso y respecto de cualquier tema sino sólo respecto de las materias que el legislador considere acreedoras de dicha confidencialidad[22]. Para que surja el deber se exige:

1) Que la materia haya sido expresamente comunicada con carácter reservado.

2) Que exista un legítimo y objetivo interés de la empresa o centro.

En este sentido, no es suficiente que el empresario califique unilateralmente una determinada información como reservada, sino que es preciso que desde una óptica objetiva lo sea. Sobre tal necesidad objetiva de reserva se ha pronunciado el TC en su sentencia 213/2002, de 11 de noviembre, en que perfila el deber de sigilo y las facultades empresariales al respecto, al afirmar que la facultad empresarial de sujetar determinadas informaciones a la observancia del sigilo profesional no se configura ilimitadamente, sino con carácter restringido en cuanto limita el ejercicio de la función propia de los delegados sindicales. Es precisa una adecuación entre el alcance de la obligación de sigilo y los legítimos intereses empresariales, de manera que no es suficiente con que el empresario califique unilateralmente como confidencial cierta información, sino que es necesario también que desde una plano objetivo efectivamente lo sea.

Como límite inferior al deber de sigilo, podemos decir que las materias no sujetas al mismo lo están al respeto de los fines y ámbito del derecho de información, como ya hemos examinado con anterioridad.

Como límite superior del deber de sigilo están los secretos industriales, financieros o comerciales.

Como procedimiento específico para los litigios relativos al cumplimiento por los representantes de los trabajadores y los expertos que les asistan de su obligación de sigilo, la nueva LRJS, en su art. 153.3 contempla, en relación con el art. 65.5 ET, el proceso de conflicto colectivo.

Para concluir diremos que el deber de sigilo se erige en límite no sólo de los derechos de información, sino también de la libertad de expre-

[22] STSJ Castilla-La Mancha de 24 de noviembre 2005, rec. 1858/2003.

sión de los representantes de los trabajadores, pues tal deber impone evitar filtraciones a terceros ajenos a la empresa.

2.2.3. Secretos industriales, financieros o comerciales

El art. 65.4 ET dispone que excepcionalmente, la empresa no estará obligada a comunicar aquellas informaciones específicas relacionadas con secretos industriales, financieros o comerciales cuya divulgación pudiera, según criterios objetivos, obstaculizar el funcionamiento de la empresa o del centro de trabajo u ocasionar graves perjuicios en su estabilidad económica.

Esta excepción no abarca aquellos datos que tengan relación con el volumen de empleo en la empresa.

El secreto es una información que la empresa no está obligada a comunicar. Encontramos un referente normativo de los secretos industriales en el art. 13 de la Ley 13/1991, de 10 de enero, sobre competencia desleal, que considera como desleal la divulgación o explotación, sin autorización de su titular, de secretos industriales o de cualquier otra especie de secretos empresariales a los que se haya tenido acceso legítimamente, pero con deber de reserva, o ilegítimamente.

RÉGIMEN JURÍDICO DE LOS DERECHOS DE INFORMACIÓN, CONSULTA, AUDIENCIA Y PARTICIPACIÓN

En este apartado trazaremos el mapa normativo de los derechos de información, consulta, audiencia y participación de los representantes de los trabajadores en la empresa, que como veremos trasciende ampliamente el ámbito nacional y se asienta sólidamente en el marco internacional y supranacional. Para ello, distinguiremos la normativa emanada de la Organización Internacional del Trabajo, de la Unión Europea y concluiremos con el examen de la normativa interna.

1. ORGANIZACIÓN INTERNACIONAL DEL TRABAJO (OIT)

Los derechos de audiencia, información y consulta los hallamos regulados en el marco de la OIT en determinados instrumentos, entre los que cabe destacar el Convenio nº 135 de 1971, relativo a la protección y facilidades que deben otorgarse a los representantes de los trabajadores en la empresa, junto a la Recomendación nº 143 de 1971 sobre los representantes de los trabajadores.

El Convenio 135 establece tanto las garantías de los representantes de los trabajadores en forma de protección eficaz frente a todo acto que les pueda perjudicar por el ejercicio de su función, incluida la protección frente al despido (art. 1)[23]; como las facilidades que han de otorgarse a los mismos, entre las que se hallan los derechos de información, audiencia, consulta y participación.

En el mismo destaca su art. 2 que establece que *"Los representantes de los trabajadores deberán disponer en la empresa de las facilidades apropiadas para permitirles el desempeño rápido y eficaz de sus funciones"*, mientras que el art. 5 coordina la representación unitaria y sindical, sin que ésta última pueda verse menoscabada por la primera, así como la cooperación entre ambos tipos de representaciones.

23 En nuestro derecho interno se plasman fundamentalmente en el art. 68 del ET.

Por otro lado, en la Recomendación 143 destacan: las horas sindicales remuneradas (11.1); el derecho al acceso a todos los lugares de la empresa cuando sea necesario para el desempleo de sus funciones (12); el derecho a comunicarse con la dirección de la empresa para la toma decisiones (13), el derecho al cobro de cuotas sindicales, el derecho a informar mediante avisos en los locales de la empresa (15.1), el derecho a distribuir boletines, folletos, publicaciones, etc, entre los trabajadores (15.2); etc.

Como convenios relacionados con la actividad de los representantes de los trabajadores en la empresa y la libertad sindical, aunque no aludan directamente a los derechos de información, consulta, audiencia o participación, podemos citar los que siguen:

- Convenio nº 87 sobre la libertad sindical y la protección del derecho de sindicación.

- Convenio nº 98 sobre el derecho de sindicación y de negociación colectiva.

- Convenio nº 141 sobre las organizaciones de trabajadores rurales.

- Convenio nº 151 relaciones de trabajo en la Administración pública.

2. UNIÓN EUROPEA

Dentro del Derecho de la UE distinguiremos en la regulación de los derechos de información y consulta de los trabajadores entre el Derecho originario y en el Derecho derivado[24].

2.1. DERECHO ORIGINARIO

La política social, en la que se enmarcan los derechos de información y consulta, es una materia en la que la Unión Europea ostenta competencia compartida [art. 4.2 b) Tratado de la Unión Europea (TUE)], por lo que conforme al art. 5.3 del TUE se rige por el principio de subsidiariedad, en virtud del cual la Unión Europea intervendrá sólo en el caso, y en la medida en que los objetivos de la acción pretendida no puedan ser alcanzados de manera suficiente por los Estados miembros, ni a nivel central ni a nivel regional y local, pudiéndose alcanzar

[24] Véase NAVARRO NIETO, F. y AAVV., *Manual de Derecho Social de la Unión Europea*, Ed. Tecnos 2010, pp. 419 y ss.

mejor, debido a la dimensión o a los efectos de la acción pretendida, a escala de la Unión[25].

Por otro lado, conforme al art. 153.2 del Tratado de Funcionamiento de la Unión Europea (TFUE), en el ámbito de información y consulta a los trabajadores el Parlamento y el Consejo pueden adoptar directivas conforme al procedimiento legislativo ordinario (mayoría) y previa consulta al Comité Económico y Social y al Comité de las Regiones.

El Art. 153.1 e) del TFUE establece que para conseguir los objetivos del art. 151[26], la UE apoyará y completará la acción de los Estados miembros en materia de información y consulta a los trabajadores, a cuyo fin podrá adoptar, mediante directivas, las disposiciones mínimas que han de aplicarse progresivamente, teniendo en cuanta las condiciones y reglamentaciones técnicas existentes en cada uno de los Estados miembros. En el apartado f) del mismo se contempla la representación y la defensa colectiva de los intereses de los trabajadores y de los empresarios, incluida la cogestión.

De otra parte el art. 27 Carta de los Derechos Fundamentales de la Unión Europea (CDFUE) establece que debe garantizarse a los trabajadores o a sus representantes, en los niveles adecuados, la información y consulta con suficiente antelación, en los casos y condiciones previstos en el Derecho de la Unión y en las legislaciones y prácticas nacionales. Dicho precepto, conforme al art. 6 TUE tiene el mismo valor jurídico que los Tratados.

Sobre el tema cabe también citar, aún partiendo de su naturaleza meramente programática, sin eficacia vinculante,[27] el art. 17 de la Carta de Derechos Sociales Fundamentales de los Trabajadores, de 1989, que reconoce los derechos de información y consulta.

---

25 Vid. Protocolo nº 2 sobre la aplicación de los principios de subsidiariedad y proporcionalidad. DUE 16/12/04 C-310/07.

26 El art. 151 TFUE establece como objetivos en materia de política social los de fomento del empleo, mejora de las condiciones de vida y de trabajo, a fin de conseguir su equiparación por la vía del progreso, la protección social adecuada, el diálogo social y el desarrollo de los recursos humanos para conseguir un nivel de empleo elevado y duradero y la lucha contra las exclusiones.

27 MONEREO PÉREZ, J. L., "La Carta comunitaria de derechos sociales fundamentales de los trabajadores", *Revista Española de Derecho del Trabajo*, núm. 56-57, 1993, pp. 853-854. GALIANA MORENO, J. M., entiende que es una "mera declaración de principios vacíos de contenido efectivo, dado que, por la negativa del Reino Unido a firmarla, no ha pasado de ser un mero documento programático", "El lento camino de gestación de la política social comunitaria: desde el Tratado de Roma a la cumbre de Maastricht", *Revista Española de Derecho del Trabajo*, núm. 58, 1993, p. 189.

2.2. DERECHO DERIVADO

En este ámbito hemos de atender, como norma más importante, a la Directiva 2002/14, de 11 de marzo, por la que se establece el marco general de referencia relativo a la información y consulta de los trabajadores en la UE, que ha sido traspuesta a nuestro derecho interno por la Ley 38/2007, de 16 de noviembre. Esta Directiva establece requisitos mínimos comunes para las disposiciones nacionales en materia de protección de los derechos de información y consulta de los trabajadores sobre la situación económica y laboral que afecta a su lugar de trabajo.

En esta Directiva, se establece en su art. 4.2 que la información y la consulta comprenderá:

a) La información sobre la evolución reciente y probable de las actividades de la empresa o centro de trabajo y de su situación económica.

b) La información y la consulta sobre la situación, la estructura y la evolución probable del empleo en la empresa o en el centro de trabajo, así como sobre las eventuales medidas preventivas previstas, especialmente en caso de riesgo para el empleo.

c) La información y la consulta sobre las decisiones que pudieran provocar cambios sustanciales en cuanto a la organización del trabajo y a los contratos de trabajo, incluidas las previstas por las disposiciones comunitarias mencionadas en el apartado 1 del artículo 9.

El Reino de España fue condenado en sentencia 182/2007 del Tribunal de Justicia de las Comunidades Europeas, de 5 de julio, asunto C-317/2006, Comisión de las Comunidades Europeas contra España, por incumplimiento de dicha Directiva[28].

Por otro lado, existen ámbitos específicos de derechos de información y consulta como en los supuestos de despidos colectivos, sucesión de empresas, comité de empresa europeo, sociedad anónima o cooperativa europea etc., que vienen regulados en una serie de directivas que no se ven afectadas por la Directiva 2002/14 (vid art. 9):

- Directiva 2009/38/CE sobre la constitución de un comité de empresa europeo o de un procedimiento de información y consulta a los tra-

[28] En la parte dispositiva de la sentencia se establece en siguiente pronunciamiento: "Declarar que el Reino de España ha incumplido las obligaciones que le incumben en virtud de la Directiva 2002/14 / CE del Parlamento Europeo y del Consejo, de 11 de marzo de 2002, por la que se establece un marco general relativo a la información y a la consulta de los trabajadores en la Comunidad Europea, al no haber adoptado en el plazo señalado las disposiciones legales, reglamentarias y administrativas necesarias para dar cumplimiento a dicha Directiva".

bajadores en las empresas y grupos de empresas de dimensión comunitaria, que deroga la anterior Directiva 94/45 y que fue traspuesta a nuestro derecho interno por la Ley 10/1997, de 24 de abril.

- Directiva 2001/86/CE, de 8 de octubre de 2001, por la que se completa el Estatuto de la Sociedad Anónima Europea en lo que respecta a la implicación de los trabajadores. El estatuto, aprobado por el Reglamento (CE) nº 2157/2001 del Consejo, se complementa con una directiva indisociable que establece las normas sobre la participación de los trabajadores en decisiones relativas al desarrollo estratégico de la compañía.

- Directiva 2003/72/CE, de 22 de julio de 2003, por la que se completa el Estatuto de la sociedad cooperativa europea (Reglamento (CE) nº 1435/2003 del Consejo) en lo que respecta a la implicación de los trabajadores. Esta directiva establece normas relativas a los mecanismos que deben preverse en las sociedades cooperativas europeas para garantizar que los representantes de los trabajadores puedan influir en la gestión de la empresa.

- Directiva 2005/56/CE, de 26 de octubre de 2005, relativa a las fusiones transfronterizas de las sociedades de capital, que contiene normas relativas a la determinación del régimen de participación de los trabajadores que debe aplicarse en la empresa fusionada.

- Directiva 98/59, de 20 de julio de 1998, relativa a la aproximación de las legislaciones de los Estados miembros que se refieren a los despidos colectivos. Regula los derechos de consulta de los representantes de los trabajadores en casos de despidos colectivos y su trasposición en nuestro derecho interno la tenemos, en síntesis, en el art. 51 ET, art. 124 LRJS y Real Decreto 801/2011 (provisionalmente vigente en alguno de sus preceptos, conforme a la Orden ESS/487/2012, de 8 de marzo).

- Directiva 2001/23, de 12 de marzo de 2001, relativa al mantenimiento de los derechos de los trabajadores en los casos de traspasos de empresas, centros de actividad o parte de empresas o centros de actividad, en cuya virtud los trabajadores han de ser informados de las razones del traspaso y sus consecuencias (vid. art. 44 ET). Ha sido traspuesta a nuestro derecho interno por la Ley 12/2001, de 9 de julio.

3. NORMATIVA INTERNA

3.1. CONSTITUCIÓN ESPAÑOLA

- Los arts. 9.2 y 129.3 CE, que establecen que los poderes públicos promoverán eficazmente las diversas formas de participación en la empresa y fomentarán, mediante una legislación adecuada, las sociedades cooperativas, como medio de facilitar la participación del ciudadano en su condición de trabajador en la vida económica, en el marco de la empresa.

No son derechos fundamentales tutelables en amparo (vid. STC 120/1990).

3.2. LEYES ORGÁNICAS Y ORDINARIAS

- Art. 61, 64, 65 y 68 ET: establecen los derechos de participación, información, consulta y audiencia en general, así como los límites y garantías de los representantes unitarios, dando cumplimiento a los compromisos internacionales y comunitarios (Convenio 135 OIT y Directiva 2002/14). El contenido de estos preceptos será ampliamente comentado a lo largo de este estudio.

- Art. 10.1.3 LOLS: en cumplimiento del art. 5 del Convenio 135 OIT, dispone que los delegados sindicales, en el supuesto de que no formen parte del comité de empresa, tendrán las mismas garantías que las establecidas legalmente para los miembros de los comités de empresa o de los órganos de representación que se establezcan en las Administraciones públicas, así como los siguientes derechos a salvo de lo que se pudiera establecer por convenio colectivo:

• *Tener acceso a la misma información y documentación que la empresa ponga a disposición del comité de empresa, estando obligados los delegados sindicales a guardar sigilo profesional en aquellas materias en las que legalmente proceda.*

• *Asistir a las reuniones de los comités de empresa y de los órganos internos de la empresa en materia de seguridad e higiene o de los órganos de representación que se establezcan en las Administraciones públicas, con voz pero sin voto.*

• *Ser oídos por la empresa previamente a la adopción de medidas de carácter colectivo que afecten a los trabajadores en general y a los afiliados a su sindicato en particular, y especialmente en los despidos y sanciones de estos últimos.*

- Ley Orgánica 3/2007, de 22 de marzo, para la Igualdad efectiva de mujeres y hombres: en sus arts. 45, 47.4, 62, 64 y 73 se contempla la participación, información y consulta de los trabajadores en materia de Igualdad, en ámbitos como los planes de igualdad, protocolos de actuación frente al acoso sexual y al acoso por razón de sexo, Plan de

Igualdad en la Administración General del Estado y en los organismos públicos vinculados o dependientes de ella y acciones de responsabilidad social de las empresas en materia de igualdad.

- Arts. 33-40 de la Ley de Prevención de Riesgos Laborales: contemplan los derechos de participación de los trabajadores en materia de prevención de riesgos laborales a través de los delegados de prevención, el comité de Seguridad y Salud y la colaboración con la Inspección de Trabajo y Seguridad Social.

- Art. 7.7 del Real Decreto-Ley 5/2000, de 4 de agosto (TRLISOS): sanciona como infracción grave la transgresión de los derechos de información, audiencia y consulta de los representantes de los trabajadores y de los delegados sindicales, en los términos en que legal o reglamentariamente estuvieren establecidos.

- Ley 10/1997, de 24 de abril, sobre derechos de información y consulta en empresas de dimensión comunitaria.

- Ley 36/2011, de 10 de octubre, reguladora de la jurisdicción social (LRJS). En su art. 153.3 se contempla el proceso de impugnación de decisiones de la empresa de atribuir carácter reservado o de no comunicar determinadas informaciones a los representantes de los trabajadores, así como los litigios relativos al cumplimiento por los representantes de los trabajadores y los expertos que les asistan de su obligación de sigilo.

3.3. AUTONOMÍA COLECTIVA

El art. 64. 9 ET dispone que respetando lo establecido legal o reglamentariamente, en los convenios colectivos se podrán establecer disposiciones específicas relativas al contenido y a las modalidades de ejercicio de los derechos de información y consulta previstos en este artículo, así como al nivel de representación más adecuado para ejercerlos.

El convenio colectivo podrá mejorar los derechos de información contenidos en el art. 64 ET, pero en ningún caso empeorarlos, pues son mínimos de derecho necesario relativo.

Capítulo V

INFORMACIÓN SOBRE CONTRATACIÓN

1. COPIA BÁSICA DE LOS CONTRATOS

El art. 8.3 a) ET dispone que el empresario entregará a la representación legal de los trabajadores una copia básica de todos los contratos que deban celebrarse por escrito, a excepción de los contratos de relación laboral especial de alta dirección, sobre los que se establece el deber de notificación a la representación legal de los trabajadores.

La entrega de la copia básica ha de efectuarse en un plazo no superior a 10 días desde la formalización del contrato, a los representantes legales de los trabajadores, quienes la firmarán a efectos de acreditar que se ha producido la entrega.

La empresa también ha de notificar las prórrogas y las denuncias correspondientes a los contratos respecto de los que ha de entregar copia básica, en el plazo de 10 días siguientes a los que éstas tengan lugar [art. 64.4.c) ET].

La obligación de entrega de copia básica se extiende a los contratos que deban celebrarse por escrito, que son los previstos en el art. 8.3 ET y aquéllos en que lo exija una disposición legal (art. 8.2 ET).

En los contratos temporales que no hayan de celebrarse por escrito, la empresa ha de notificar la realización de los mismos a los representantes legales de los trabajadores (art. 15.4 ET y 10 Real Decreto 2720/1998).

Partiendo de ello, pasamos a sintetizar los contratos respecto de los que rige la obligación de entrega de copia básica:

2. CONTRATOS CON OBLIGACIÓN DE ENTREGA DE COPIA BÁSICA

- Contratos con período de prueba (art. 14.1 ET).

- Tiempo indefinido de apoyo a los emprendedores (art. 4 Ley 3/2012)[29].

- Prácticas y para la formación (art. 11 ET y Real Decreto 488/1998).

- Tiempo parcial (art. 12 ET).

- Fijo-discontinuo (art. 15.8 ET).

- Relevo (art. 12.6 ET).

- Trabajo a distancia (art. 13 ET)[30].

- Obra o servicio determinado [art. 15.1 a) ET y art. 2 Real Decreto 2720/1998].

- Trabajadores contratados en España al servicio de empresas españolas en el extranjero.

- Cooperantes (art. 4.1 Real Decreto 519/2006).

- Contratos por tiempo determinado cuya duración sea superior a cuatro semanas [eventual por circunstancias de la producción e interinos regulados en los arts. 15.1 b) y c) ET y arts. 3 y 4 Real Decreto 2720/1998].

- Auxiliar asociado (art. 10.3 ET).

- Sustitución por anticipo edad de jubilación (art. 3.2 Real Decreto 1194/1985).

- Trabajadores cedidos por ETTs a empresas usuarias (art. 10.1 Ley 14/1994 y art. 15 Real Decreto 4/1995).

- Situación de exclusión social art. 12.2 Ley 44/2007).

- Profesores de religión en centros públicos docentes (art. 5 Real Decreto 696/2007).

- Personal civil no funcionario del Ministerio de Defensa (Orden 6 marzo 1985).

---

29 El contrato de trabajo por tiempo indefinido de apoyo a los emprendedores viene a sustituir al contrato de fomento de empleo, que se regulaba en la Disposición adicional primera de la Ley 12/2001, derogada por la Disposición derogatoria única. 1 b) de la Ley 3/2012.

30 La reforma introducida por la Ley 3/2012 suprime el contrato de trabajo a domicilio y en el art. 13 se regula el nuevo contrato de trabajo a distancia, estableciéndose en el apartado 2 de dicho precepto que "El acuerdo por el que se establezca el trabajo a distancia se formalizará por escrito. Tanto si el acuerdo se estableciera en el contrato inicial como si fuera posterior, le serán de aplicación las reglas contenidas en el artículo 8.3 de esta Ley para la copia básica del contrato de trabajo".

- Personal contratado por la Administración del Estado o sus empresas contratistas (Convenio OIT nº 94 de 1949, ratificado por España el 29 de marzo de 1971).

- Trabajadores Mineros art. 2 Real Decreto 3255/1983.

- Indefinido para personas con discapacidad (art. 8 y 14 Real Decreto 1451/1983). Indefinido para personas con discapacidad procedentes de enclaves laborales (art. 12.3 Real Decreto 290/2004). Temporal de fomento de empleo para personas con discapacidad (Disposición adicional 1ª Ley 43/2006).

- Relaciones laborales especiales: deportistas profesionales, artistas, mediadores mercantiles, minusválidos en centros especiales, estibadores portuarios, abogados en despachos profesionales, médicos residentes.

3. CONTENIDO DE LA COPIA BÁSICA

Como ya dijimos la información es un derecho instrumental. En el caso de la copia básica, el propio ET asigna a la entrega a los representantes de los trabajadores una concreta finalidad, la de vigilancia de la adecuación del contenido del contrato a la legalidad vigente.

En función de tal finalidad el art. 8.3 ET establece que la copia básica contendrá todos los datos del contrato excepto:

- Documento nacional de identidad (DNI).

- Domicilio.

- Estado civil

- Cualquier otro que de acuerdo con la Ley Orgánica 1/1982, de 5 mayo, pueda afectar a la intimidad personal.

Respecto del contenido de la copia básica, doctrina y jurisprudencia han efectuado las siguientes precisiones:

- Cuando se trata de contratos de alta dirección, la copia se sustituye por la mera notificación.

- El acceso a la información relativa a la retribución del trabajador en la copia básica no incide en el ámbito de la intimidad constitucionalmente protegible (STC 142/1993, de 22 de abril). Así lo ha entendido también el TS en sentencia de 19 febrero 2009, rec. 6/2008, en la que concluye que la retribución o salario no es un dato de carácter personal ni íntimo susceptible de reserva para salvaguardar el respeto a la intimidad. Se trata de un elemento esencial del contrato de trabajo, de naturaleza contractual, laboral y profesional, no siendo necesario recabar el consentimiento previo del trabajador individual para que los representantes sindicales puedan acceder, en su caso, a dicho dato.

- Incide en el ámbito de la intimidad los datos relativos al DNI y fecha de nacimiento de los funcionarios inscritos en la bolsa que permite acceder al complemento de productividad (STSJ Madrid de 16 de febrero de 2004 (rec. apelación 108/2004).

- El TS se ha manifestado en torno al contenido de la copia básica, precisando los siguientes extremos (STS de 24 marzo 1998, rec. 2714/1997):

- El empresario ha de entregar una copia. Por tanto, no está obligado a suministrar datos distintos de los que figuran en el documento original. Es más, si así lo hiciera no cumpliría el precepto. No sería cumplir el mandato el que en el contrato original se exprese que el salario será según convenio y, posteriormente, en la copia fijar la cantidad numérica que corresponde. De obrarse así es cuando se ocultaría al comité la posibilidad de comprobar si se estaba obrando o no correctamente.
- El mandato legal excluye del deber de comunicar la copia básica, respecto a determinados contratos (los de alta dirección) y determinados datos (los estrictamente personales), pero en ningún punto amplía la obligación de suministrar al comité datos que no figuran en el contrato original.
- Ciertamente que con el proceder de la empresa demandada estableciendo en los contratos originales que salario, jornada y vacaciones serán los de convenio, acaba impidiendo al comité valorar si las condiciones en las que se prestan los servicios corresponden o no con la legalidad vigente y, formando parte de ella, del propio convenio colectivo. Tal proceder constituye una infracción prevista en la LISOS. Sin embargo, en la medida que tales datos no figuran en los contratos originales, no es posible incluirla ahora como formando parte de la copia.

- Con relación a si existe obligación de entrega de la copia básica de los contratos celebrados antes de iniciarse el mandato del comité de empresa, la STSJ Madrid de 19 de diciembre de 2004 (rec. 5080/2005), ha entendido que no, pues el derecho a obtener la copia básica nace con la celebración del contrato y en ese momento, no después. Por tanto, un comité de empresa no puede pedir copias básicas de contratos anteriores a su mandato.

- La entrega de la copia básica no se puede sustituir por la vista y firma del contrato por la representación unitaria. En efecto la STSJ Andalucía de 17 noviembre (rec. 3798/2004) entiende que constituye una vulneración de la libertad sindical del Sindicato demandante la falta de entrega de copia básica de los contratos a los representantes legales de los trabajadores cuando el empresario (Ayuntamiento) se limita a que los representantes unitarios vean el contrato y lo firmen sin proporcionarles copia.

- Se entiende cumplida la obligación empresarial cuando se remite al secretario del comité de empresa la copia básica y éste la recibe, sin que sea exigible la entrega a cada uno de sus miembros (STSJ Castilla y León/Valladolid de 13 de junio de 2000, rec. 791/2000).

4. OTROS DERECHOS DE INFORMACIÓN EN MATERIA DE CONTRATACIÓN

A parte de la copia básica de los contratos, existen una serie de derechos de información atinentes a la contratación, que se cumplen en formas muy diversas como la notificación, la recepción de información con determinada periodicidad, el mero conocimiento, la presencia ante la firma, etc; En todos estos casos, se trata de decisiones generales sobre contratación, que si bien pueden incidir en contratos concretos, no afectan a la dinámica de las prestaciones recíprocas concretas de contratos determinados.

Todos ellos son de difícil sistematización, más allá de su relación con la contratación, por lo que pasamos a exponer los derechos en cuestión:

- Información trimestral sobre previsiones de celebración de nuevos contratos, indicando su número y las modalidades y tipos utilizados, incluidos los contratos a tiempo parcial y la realización de horas complementarias de los contratados a tiempo parcial [art. 64.2 c) ET].

- Información periódica sobre modelos de contrato de trabajo escrito que se utilicen en la empresa, así como los documentos relativos a la terminación de la relación laboral [art. 64.4 b) ET].

- Ser informados y consultados sobre las decisiones de la empresa que puedan afectar a los contratos de trabajo (art. 64.5 ET).

- A petición de los trabajadores puede estar presente un representante en la firma del finiquito por finalización del contrato (art. 49.2 ET).

En el recibo de finiquito ha de hacerse constar el hecho de la firma en presencia del representante legal o bien que el trabajador no ha hecho uso de tal posibilidad. Si el empresario impide la presencia del representante en el momento de la firma, el trabajador podrá hacerlo constar en el propio recibo a los efectos oportunos.

- En relación a los TRADE con los que contrate la empresa, ésta debe informar a los representantes de los trabajadores en el plazo de 10 días hábiles desde la contratación de la identidad del TRADE, objeto del contrato, lugar de ejecución, fecha de comienzo de la actividad y duración del contrato (art. 12.1 Ley 20/2007 y art. 7 Real Decreto 197/2009). De esta información se excluirá en todo caso el número de documento nacional de identidad, el domicilio, el estado civil, y cualquier otro dato que pudiera afectar a la intimidad personal, de acuerdo con la Ley Orgánica 1/1982, de 5 de mayo, que establece la protección civil de los derechos fundamentales al honor, a la intimidad personal y familiar y a la propia imagen, y con Ley Orgánica 15/1999, de 13 de diciembre, de Protección de Datos de Carácter Personal.

Existen otros derechos de información relacionados con la contratación que por razones sistemáticas examinaremos en otros apartados; como son: la información y consulta en los despidos colectivos (art. 51 ET), en supuestos de sucesión de empresas o subcontratación (art. 42 ET), supuestos de flexibilidad interna (art. 47 ET), etc.

Capítulo VI

INFORMACIÓN SOBRE SITUACIÓN DE LA EMPRESA Y EVOLUCIÓN DEL EMPLEO

En este capítulo analizaremos los derechos de información de los representantes unitarios en lo atinente a la empresa y al empleo en general, materias que si bien afectan o pueden afectar a los contratos de trabajo, por ejemplo cuando concurran causas económicas técnicas, organizativas o productivas (vid. arts. 40, 41, 47 y 51 ET), lo cierto es que se caracterizan por trascender de los contratos particulares y afectar al conjunto de la organización productiva.

El fundamento de esta información lo hallamos en la Directiva 2002/14/CE de 11 de marzo de 2002, que ha sido traspuesta por la Ley 38/2007, que da nueva redacción al art. 64 ET, incorporando las exigencias de la Directiva marco (art. 4).

En este sentido se identifican los fines de la información y consulta con los representantes de los trabajadores en estas materias con los de *favorecer la prevención de los riesgos, flexibilizar la organización del trabajo y facilitar el acceso de los trabajadores a la formación dentro de la empresa en un marco de seguridad, concienciar a los trabajadores acerca de las necesidades de adaptación, aumentar la disponibilidad de los trabajadores para adoptar medidas y emprender acciones destinadas a reforzar sus posibilidades de empleo, promover la participación de los trabajadores en la marcha y el futuro de la empresa y fortalecer la competitividad de ésta*[31].

Hay que precisar que se trata del deber de informar, no del deber de consensuar las cuestiones atinentes a la política empresarial, actividades, producción o venta, pues ello entra dentro del ámbito de la libertad de empresa del art. 38 CE, que implica como parte de su contenido esencial el derecho a decidir y diseñar los objetivos de la empresa y planificar su actividad[32].

---

31 Vid. punto 7 de la exposición de motivos de la Directiva 2002/14.

32 Según el TC (STC 71/2008, de 26 de febrero) el art. 38 CE, directamente conectado con los arts. 128 y 131 CE [SSTC 37/1981, de 16 de noviembre, FJ 2; 111/1983, de 2 de

Sentadas tales premisas pasamos a examinar los derechos en concreto, partiendo de lo establecido en el art. 64.2 ET conforme al cual el comité de empresa tendrá derecho a ser informado trimestralmente:

a) Sobre la evolución general del sector económico a que pertenece la empresa.

b) Sobre la situación económica de la empresa y la evolución reciente y probable de sus actividades, incluidas las actuaciones medioambientales que tengan repercusión directa en el empleo, así como sobre la producción y ventas, incluido el programa de producción.

Por otra parte el art. 64.4 ET dispone que el comité de empresa, con la periodicidad que proceda en cada caso, tendrá derecho a:

a) Conocer el balance, la cuenta de resultados, la memoria y, en el caso de que la empresa, revista la forma de sociedad por acciones o participaciones, los demás documentos que se den a conocer a los socios, y en las mismas condiciones que a éstos.

En este sentido, téngase en cuenta que las sociedades anónimas y las sociedades limitadas deben entregar dentro de los seis primeros meses siguientes a la finalización de cada ejercicio la misma información que a los socios: cuentas anuales, balances, informe de gestión y propuesta de aplicación de los resultados [vid art. 93 d), arts. 196 y 197 Real Decreto-Ley 1/2010].

En cuanto al contenido de las cuentas anuales y, por tanto, la información que las mismas transmiten, hay que estar a lo que disponen los arts. 253-284, contenidos en el Título VII del Real Decreto-Ley 1/2010.

Asimismo el art. 64.5 ET establece que el comité de empresa tendrá derecho a ser informado y consultado sobre la situación y estructura del empleo en la empresa o en el centro de trabajo, así como a ser informado trimestralmente sobre la evolución probable del mismo, incluyendo la consulta cuando se prevean cambios al respecto.

diciembre, FJ 10; 225/1993, de 8 de julio, FJ 3 b), y 96/2002, de 25 de abril, FJ 11], al garantizar la «libertad de empresa en el marco de la economía de mercado», no reconoce «el derecho a acometer cualquier empresa, sino sólo el de iniciar y sostener en libertad la actividad empresarial, cuyo ejercicio está disciplinado por normas de muy distinto orden» [STC 83/1984, FJ 3; reiteran esta doctrina las SSTC 84/1993, de 8 de marzo, FJ 2 b); 225/1993, de 8 de julio, FJ 3 b); 96/2002, de 25 de abril, FJ 11; y 112/2006, de 5 de abril, FJ 8], lo que entraña «en el marco de una economía de mercado, donde este derecho opera como garantía institucional, el reconocimiento a los particulares de una libertad de decisión no sólo para crear empresas y, por tanto, para actuar en el mercado, sino también para establecer los propios objetivos de la empresa y dirigir y planificar su actividad en atención a sus recursos y a las condiciones del propio mercado» [SSTC 225/1993, de 8 de julio, FJ 3 b), y 112/2006, de 5 de abril, FJ 8].

También tendrá derecho a ser informado y consultado sobre todas las decisiones de la empresa que pudieran provocar cambios relevantes en cuanto a la organización del trabajo y a los contratos de trabajo en la empresa. Igualmente tendrá derecho a ser informado y consultado sobre la adopción de eventuales medidas preventivas, especialmente en caso de riesgo para el empleo.

En cuanto a la forma de facilitar la información, la doctrina judicial (SSTCT 11 enero 1980 y 26 abril de 1989 y STSJ Canarias/Las Palmas de 19 de diciembre, rec. 1572/1999), ha establecido que la información relativa a la evolución del sector económico al que pertenezca la empresa, situación productiva y de ventas de ésta, programas al respecto y previsibilidad de empleo en la misma, debe facilitarse por escrito; mientras que el balance cuenta de resultados y memoria no deben facilitarse necesariamente por escrito, criterio que mantiene también la STSJ de Murcia, de 5 de octubre de 1992, rec. 384/1992, que deniega el derecho solicitado por el sindicato a la entrega de la documentación interesada (balance, cuentas de resultados y memoria) y el acceso del asesor del sindicato, pues si el art. 64 del Estatuto de los Trabajadores habla sólo de «conocer», y, en la demanda se pide la «entrega», la pretensión debe ser rechazada.

En cuanto a la información sobre evolución del empleo, venta y línea de producción, se ha declarado por la STSJ País Vasco de 13 julio (rec. 892/2004) que si la empresa «la ha facilitado a través de anuncios cargados en el tablón de anuncios existente en el centro de trabajo y por medio de una reunión en los que se les expusieron unas filminas», dicha forma de transmisión es insuficiente, pues no se comprende por qué una información que se debe dar al comité se le entrega a través del tablón de anuncios, y por qué la documentación que se le da no es en soporte papel, sino en filminas que se proyectan en breve espacio de tiempo, impidiendo la necesaria reflexión y conclusiones que requiere una información de esta complejidad.

En los supuestos de cuadrantes horarios de los trabajadores la doctrina contenciosa (STSJ Madrid, Sala de lo Contencioso, de 20 de abril de 2006, rec. 147/2004) se ha pronunciado en el sentido de que si bien parece evidente que para que el comité pueda ejercer esa labor de vigilancia tiene el derecho a conocer los cuadrantes horarios de los servicios de los trabajadores, ya que se relacionan con cuestiones tales como el cumplimiento del horario máximo y la realización de horas extraordinarias, manteniendo que "no existe norma alguna que establezca la forma en que ha de tomar dicho conocimiento ni que establezca que ello debe de ser mediante la entrega por parte de la empresa de la documentación relativa a los cuadrantes horarios o copia de ella para su examen fuera de los locales de la empresa, como pretende el inspector".

En lo atinente a la prescripción del derecho a solicitar la información, se aplica el plazo de 1 año del art. 59 (vid. STSJ de Andalucía/Málaga de 30 abril, rec. 2263/1998), pues esta obligación de información de la empresa no puede ser ilimitada en el tiempo, sino que, teniendo que proporcionarla con carácter trimestral, desde el transcurso del trimestre el comité dispone del plazo de un año para exigir judicialmente el cumplimiento efectivo de dicha obligación empresarial.

En cuanto a la periodicidad de la información, es mejorable por pacto, pero si no es así, la STSJ Madrid de 27 de abril de 1993, rec. 2111/1993, establece que el comité debe ser informado, no con periodicidad mensual, sino trimestral del número de kilos vendidos, ya que en función del resultado de las ventas perciben determinadas primas los trabajadores, por lo que el motivo debe acogerse en parte, en cuanto el derecho a información sobre este extremo se corresponde a un período trimestral, conforme al art. 64.1.1 del Estatuto de los Trabajadores.

Capítulo VII

INFORMACIÓN EN CONTRATAS Y SUBCONTRATAS

El art. 42 ET, en la redacción dada por la Ley 12/2001, de 9 de junio, contempla en sus apartados 4 a 7 los derechos de información de los representantes de los trabajadores en materia de subcontratación.

Si ponemos en relación el art. 42 del ET con el art. 64.2.c) ET, el texto estatutario contempla el derecho a la información de los representantes de los trabajadores en los supuestos de contratas y subcontratas de la empresa tanto en los supuestos de su propia actividad, como en los casos de otra distinta, pues el art. 42 se aplica a los empresarios que contraten o subcontraten con otros la realización de obras o servicios correspondientes a la propia actividad de aquéllos, sin perjuicio de la información del art. 64 ET, que no se circunscribe a la subcontratación de la propia actividad.

Por otro lado, del examen de ambos preceptos hay que concluir que el objeto de la información lo constituyen tanto las previsiones de subcontratación como las subcontratas existentes, sean de la propia actividad o de otra distinta.

Si nos atenemos al contenido de los derechos de información en materia de subcontratas, hemos de decir que los mismos persiguen dos finalidades distintas:

- Control de cumplimiento de normativa sobre contratación y condiciones de ejecución de la actividad laboral (velar por supuestos de trasvases de plantillas, prestación indiferenciada de servicios entre contratista y subcontratista, cesiones ilegales de trabajadores).

- Control de cumplimiento de normativa de prevención de riesgos.

En otro orden de cosas, se considera infracción en materia de relaciones laborales que la empresa principal no disponga del libro registro en los casos en que principal, contratista o subcontratista compartan de forma continuada un mismo centro de trabajo (art. 7.12 LISOS).

En la práctica se ha considerado vulnerado el derecho a la información en materia de subcontratación porque la empresa o no informa y no da los datos solicitados a los representantes de los trabajadores o tarda en contestar, lo que convierte en inútil la información o da incompleta la información en relación de subcontratas y personal autónomo, el trabajo realizado por éstos y del previsto por realizar[33].

Al contrario, se ha desestimado la existencia de vulneración del derecho a la información en materia de subcontratación por no precisar suficientemente el concepto de "subcontratación" a que se refiere la información pedida por la representación unitaria[34].

[33] STSJ Comunidad Valenciana de 11 diciembre de 2001, rec. 2381/1999.

[34] STSJ Islas Canarias/Santa Cruz de Tenerife de 30 septiembre 1993, rec. 359/1993.

Capítulo VIII

DERECHO DE INFORMACIÓN Y MODIFICACIÓN DEL CONTRATO DE TRABAJO

En este capítulo trataremos los supuestos en que la ley da el derecho de información a los representantes de los trabajadores cuando se modifica el contenido del contrato de trabajo en concreto. Son supuestos claramente distinguibles de los ya estudiados, relacionados con la contratación, que atañen a decisiones sobre contratación o información sobre contratos celebrados, pero que en ningún caso inciden sobre la variación del contenido contractual.

Ahora trataremos, pues, los supuestos de información relativos a modificaciones sobre contratos ya vivos o, si se quiere, sobre modificación del contenido de las prestaciones de trabajador y empresario en el curso de la relación laboral.

1. MOVILIDAD FUNCIONAL

El art. 39 ET, en la redacción dada por el art. 10 de la Ley 3/2012, dispone que *"La movilidad funcional para la realización de funciones, tanto superiores como inferiores, no correspondientes al grupo profesional sólo será posible si existen, además, razones técnicas u organizativas que la justifiquen y por el tiempo imprescindible para su atención. El empresario deberá comunicar su decisión y las razones de ésta a los representantes de los trabajadores"*.

En esta materia la novedad fundamental de la reforma introducida por el Real Decreto-Ley 3/2012, que en este punto no ha modificado la Ley 3/2012, ha sido la relajación de los límites de la movilidad funcional, suprimiendo la pertenencia al grupo y las categorías profesionales equivalentes como límites a la misma.

Como únicos límites restan ahora:

- Titulación académica o profesional precisa para ejercer el trabajo.

- Dignidad del trabajador.

Sin embargo, otros límites no declarados expresamente son también de reseñar, como la formación e información de los riesgos derivados del puesto de trabajo concreto (art. 19 LPRL), que lógicamente habrán de incrementarse al ampliarse el ámbito de la movilidad funcional.

La movilidad fuera del grupo es el suelo mínimo de la movilidad funcional al haber desaparecido la categoría profesional y la categoría profesional equivalente, es decir, donde antes se consideraba movilidad el ejercicio de funciones de categorías profesionales no equivalentes, ahora se considera *ius variandi*, pues dentro del grupo ya no contiene categorías.

Ahora la movilidad funcional es sólo la movilidad bidireccional extra grupal, que exige razones técnicas u organizativas y por el tiempo imprescindible para su atención.

Es especialmente significativa la supresión de límites en la movilidad a funciones de inferior grupo. En efecto, se aumenta la posibilidad de realizar funciones inferiores, pues desaparece la justificación por necesidades perentorias e imprevisibles para la encomienda de funciones inferiores, lo cuál es cuestionable desde la óptica de la dignidad, pues ahora bastarán razones técnicas u organizativas, sin exigirse perentoriedad e imprevisibilidad.

En este contexto se amplía la obligación del empresario de comunicar la situación de movilidad funcional a los representantes de los trabajadores, tanto en su alcance como en su contenido:

1) En su alcance, pues donde antes sólo debía comunicar la encomienda de funciones inferiores ahora debe comunicar la encomienda de superiores e inferiores.

2) En su contenido, pues donde antes se limitaba el deber empresarial a la comunicación, ahora se añade el deber de motivar las razones de la medida.

Ello supone reforzar la facultad de control por parte de los representantes de los trabajadores, pero también nos lleva a plantearnos los efectos del incumplimiento de esta obligación.

En este sentido la doctrina venía entendiendo que con tal garantía de conocimiento de los representantes de los trabajadores *"Se quería otorgar al trabajador "descendido" un plus de protección que supone el cono-*

cimiento de la situación por sus representantes, como garantía de que la decisión va a ser justamente adoptada (STSJ Navarra de 30 mayo, rec. 437/2005).

Por tanto, un primer efecto es reforzar la competencia de velar por el cumplimiento de la normativa vigente por parte del comité [art. 64.7.a) 1º) ET] y un segundo e importante efecto es la declaración de su carácter injustificado y revocación de la medida de movilidad funcional (antes sólo descendente) en caso de que se omita el trámite de comunicación a la representación legal de los trabajadores (SSTSJ Castilla y León/Burgos de 22 septiembre, rec. 717/2003 e Islas Baleares de 3 junio, rec. 217/2005).

Para terminar, la STS de 10 de abril de 2000, rec. 2646/1999, en un supuesto en que la empresa impuso funciones inferiores, y además de modo permanente y no sólo «por el tiempo imprescindible», adoptando su decisión sin justificarla por necesidades perentorias o imprevisibles de la actividad productiva y son comunicación a los representantes legales de los trabajadores afectados, declara que la decisión no se adoptó conforme a derecho y, por tanto, podía ser impugnada mientras se mantuviera la situación impuesta.

Por otro lado, en los supuestos de modificación sustancial individual sin notificación escrita de la medida a los trabajadores y sus representantes legales, no puede entenderse que la medida se ajusta a lo establecido en el art. 41 del ET. En estos casos, la nueva LRJS prevé que el proceso se inicia por demanda de los trabajadores afectados aunque no se haya seguido el procedimiento de los arts. 40 y 41 ET, pero que el plazo de caducidad de 20 días hábiles no empieza a computarse hasta que tenga lugar dicha notificación, sin perjuicio de la prescripción de la acciones por el transcurso del plazo general de un año del art. 59.2 ET.

2. TRASLADOS INDIVIDUALES

La decisión de traslado individual del art. 40.1 ET de traslado deberá ser notificada por el empresario al trabajador, así como a sus representantes legales, con una antelación mínima de treinta días a la fecha de su efectividad (vid art. 11.1 Ley 3/2012).

Como vemos, en los casos de traslado individual, se trata de un derecho de información, sin negociación previa o consultas, como acontece en los traslados colectivos (vid art. 40.2 ET), que son los que superan los umbrales previstos en dicho precepto, coincidentes con los de despidos colectivos (art. 51.1 ET) o modificación sustancial de las condiciones de trabajo de carácter colectivo (art. 41.2 ET).

En cuanto a los efectos de la falta de notificación del traslado a los representantes de los trabajadores, en tales casos la doctrina se ha pronunciado en favor de la falta de efectividad del traslado por constituir un supuesto de ejercicio irregular de las facultades directivas [art. 20.2 ET y 5 c) ET]. Vid SSTSJ Madrid de 5 octubre, rec. 3067/2004 y de 1 febrero, rec. 4805/2004.

En estos supuestos, en que se ha despedido al trabajador por desobedecer la orden de traslado que no cumplía los requisitos de forma, en concreto notificación a los representantes de los trabajadores, el despido se ha declarado improcedente.

En los casos en que no hay despido y se impugna por el trabajador la decisión empresarial, se declara nula la misma, por lo que el trabajador tiene derecho a ser repuesto en las condiciones anteriores a la modificación[35].

En cuanto a los efectos que tiene la falta de notificación al trabajador y a sus representantes con la antelación prevista en el procedimiento adecuado y su relación con la caducidad de la acción, era doctrina reiterada del TS (en sentencias de 18 de diciembre de 2007, rec. 148/2006, 10 de abril de 2000, rec. 2646/1999, etc.) que cuando no se cumplen por el empleador las exigencias formales del art. 41 ET de notificación de la medida a los trabajadores y sus representantes legales en el plazo citado cuando se trata de modificaciones individuales, no puede entenderse que la medida se ajusta a lo establecido en el art. 41 del ET, siendo entonces el proceso ordinario el adecuado para reclamar frente a la medida y no el especial del art. 138 LPL.

Un efecto reflejo del incumplimiento de los requisitos de forma del art. 41 ET entre los que se hallan la notificación al trabajador y a sus representantes era que no se daba el plazo de caducidad de 20 días de la acción que tenía el proceso especial (art. 59.4 ET y art. 138 LPL)[36], sino el general de un año de prescripción.

35 Vid. STSJ Aragón de 15 marzo, rec. 1087/2003; STSJ de Cataluña de 20 julio, rec. 1105/2009; JS núm. 1 de Tarragona, de 17 julio, Procedimiento 278/2002.

36 Sobre el particular el TS ha venido manteniendo con reiteración que "Es doctrina unificada de esta Sala (SSTS de 18 de julio de 1997, rec. 302/1997; 7 de abril de 1998, rec. 3497/1997; 8 de abril de 1998, rec. 3513/1997; 11 de mayo de 1999, rec. 3350/1998) que el proceso especial regulado en el art. 138 LPL tiene como presupuesto la existencia real de modificaciones sustanciales de trabajo tal y como se conciben en el artículo 41 del ET". De modo que cuando no se cumplen por el empleador las exigencias formales del precepto: apertura del periodo de consultas, acuerdo a favor de la mayoría de los

Sin embargo, esta doctrina ha quedado sin efecto por la nueva redacción del art. 138 de la Ley 36/2011, de 10 de octubre (LRJS), que sujeta al proceso especial todas las impugnaciones sobre la materia aunque no se hayan respetado los requisitos estatutarios (ej. la notificación al comité de empresa), sin perjuicio de la fecha establecida para el inicio del cómputo de la caducidad. Por tanto, a la luz del nuevo redactado del art. 138 LRJS, la omisión de la notificación de la decisión de traslado individual (art. 40.1 ET) o bien de modificación sustancial de las condiciones de trabajo (art. 41.3 ET) al trabajador o a sus representantes en los plazos establecidos legalmente, ha de comportar ahora las siguientes y novedosas consecuencias:

- La impugnación del traslado o modificación sustancial individual sigue el cauce del art. 138 LRJS.

- La acción está sujeta al plazo de caducidad de 20 días hábiles.

- El plazo de caducidad no empezará a computarse hasta que tenga lugar la notificación por escrito de la decisión a los trabajadores o a sus representantes, conforme al art. 59.4 ET, sin perjuicio de la prescripción en todo caso de las acciones derivada del transcurso del plazo de 1 año, previsto en el art. 59.2 ET.

3. MODIFICACIÓN SUSTANCIAL DE LAS CONDICIONES DE TRABAJO DE CARÁCTER INDIVIDUAL

El art. 41.3 ET, en la redacción dada por la Ley 3/2012[37] dispone que *"La decisión de modificación sustancial de condiciones de trabajo de carácter individual deberá ser notificada por el empresario al trabajador afectado y a sus representantes legales con una antelación mínima de 15 días a la fecha de su efectividad"*.

La reforma laboral operada por la Ley 3/2012 establece como novedades, por lo que aquí interesa, la desaparición de la consideración como modificaciones sustanciales colectivas de las disfrutadas por los trabaja-

representantes de los trabajadores y notificación a éstos de la medida aprobada con una antelación mínima de 30 días a la fecha de su efectividad, en el caso de las modificaciones colectivas, o notificación de la medida a los trabajadores y sus representantes legales en el plazo citado cuando se trata de modificaciones individuales, "no puede entenderse que la medida se ajusta a lo establecido en el art. 41 del ET, siendo entonces el proceso ordinario el adecuado para reclamar frente a la medida y no el especial del art. 138 LPL, el de conflicto colectivo si es que se impugna la práctica empresarial por ese cauce, pero en tal caso sin sometimiento a plazo de caducidad".

[37] La Ley 3/2012 no introduce novedades en el redactado del Real Decreto-Ley 3/2012 en materia de modificación sustancial de las condiciones de trabajo.

dores en virtud de acuerdo o pacto colectivo o en virtud de una decisión unilateral del empresario de efectos colectivos, pues ahora se tramitan como individuales o colectivas según si superan o no los umbrales de trabajadores afectados en períodos de 90 días[38]. En cambio, si se trata de condiciones reconocidas en convenio colectivo de sector o empresa se tramita su modificación por la vía del descuelgue del art. 82.3 ET.

Por tanto, la nueva distinción entre modificaciones de carácter individual y colectivo viene dada sólo por los umbrales de número de trabajadores afectados en relación a la plantilla en períodos de 90 días. La reforma mantiene, sin embargo, en las modificaciones sustanciales de carácter individual, el deber de informar al trabajador y a sus representantes con una antelación que se reduce de 30 a 15 días antes de su efectividad.

Se trata de un derecho de información, no de consulta, como ocurre en el caso de las modificaciones de carácter colectivo.

La omisión del derecho de información a los representantes de los trabajadores, como requisito de forma debiera ocasionar el carácter injustificado de la medida (STSJ de Castilla y León/Burgos de 20 diciembre, rec. 972/2005).

En cuanto al procedimiento establecido y la caducidad de la acción nos remitimos a lo ya comentado en el capítulo anterior sobre el nuevo art. 138 LRJS que deja sin efecto la anterior doctrina del TS sobre la materia (STS de 18 de diciembre de 2007, rec. 148/2006).

4. IMPOSICIÓN DE SANCIÓN POR FALTA MUY GRAVE

El art. 64.4 c) establece el derecho del comité de empresa a ser informado de todas las sanciones impuestas por faltas muy graves.

Hay que distinguir este derecho, cuyo alcance se extiende a las sanciones impuestas a todos los trabajadores, sean o no afiliados o representantes unitarios, pero sólo por faltas muy graves; de dos derechos diversos, que luego estudiaremos:

1) El derecho de audiencia previa de los delegados sindicales respecto de las sanciones que se impongan a los afiliados a su sindicato (art. 10.3.3ª LOLS Y 55.1 ET).

---

38 Sobre la forma de computar los periodos de 90 días véase STS de 23 de abril de 2012, rec. 2724/2011, recaída en un procedimiento sobre despido colectivo, pero cuya doctrina es de plena aplicación a los supuestos de traslado colectivo y modificación sustancial de condiciones de carácter colectivo.

2) El derecho a ser oído el comité de empresa o restantes delegados de personal en los casos de sanción a representantes unitarios por faltas graves o muy graves [art. 68.1a) ET].

En función de ello, podemos resumir los deberes informativos del empresario en el siguiente cuadro[39]:

	trabajador	afiliado	representante unitario
falta muy grave	CE	DS	CE
falta grave	-	DS	CE
falta leve	-	DS	-

En cuanto al derecho del comité de empresa a ser informado de todas las sanciones impuestas por faltas muy graves (art. 64.4 c), la falta de información a los representantes unitarios de la sanción impuesta no tiene ningún efecto sobre la procedencia o improcedencia de dicha sanción. Así lo ha declarado el TS en reiteradas ocasiones, de las que son ejemplo las SSTS 5 de abril de 1990, RJ 1990/3109; 26 de octubre de 1982, RJ 1982/6254; 12 de julio de 1988, RJ 1988/5804, etc.

Por otro lado, no es preciso que la información al comité de empresa sobre la sanción se produzca antes de su imposición, sino que se cumple con informar después de impuesta, como se desprende del propio tenor literal del art. 64.4 c), que habla de sanciones *impuestas* y como ha declarado el TS.

Cuando el trabajador sancionado por falta muy grave es afiliado a un sindicato, goza de la doble garantía de audiencia previa de su delegado sindical (que posteriormente estudiaremos) y de información de la sanción al comité de empresa, que puede ser posterior a su imposición.

En cuanto al contenido del derecho, se trata de una mera información a diferencia de la más completa y rigurosa que se exige cuando el trabajador tiene un cargo representativo (STS 29 febrero 1990, RJ 1990/1222).

Para terminar, el desconocimiento de este derecho supondrá una infracción administrativa de las previstas en el art. 7.7 LISOS.

5. EXTINCIONES POR CAUSAS OBJETIVAS

El art. 53.1 c) ET, junto con el art. 53.4 ET en la redacción dada por la Ley 3/2012, establecen que la falta de entrega a los representantes de

39 CE: comité de empresa o delegados de personal. DS: delegados sindicales (empresas con más de 250 trabajadores).

los trabajadores de la copia de la comunicación extintiva por causas económicas, técnicas, organizativas o productivas [art. 52 c) ET] del contrato de trabajo, supone la improcedencia del despido.

En efecto, se fija como derecho de los representantes de los trabajadores el de recibir copia de la comunicación extintiva del contrato en las extinciones de contratos de trabajo por causas económicas, técnicas, organizativas y productivas: art. 53.1 c) ET. En este punto, hay que recordar que la omisión de tal comunicación determinaba la nulidad del despido hasta la entrada en vigor del Real Decreto-Ley 3/2012, siendo a partir de entonces la consecuencia de tal omisión la mera improcedencia del despido, como ha confirmado la Ley 3/2012.

Esta obligación no es meramente formal, pues el TS, en su sentencia de 18 de abril de 2007, rec. 4781/2005, ha calificado la obligación de facilitar la copia escrita como una pieza esencial del sistema legal de control de la distinción institucional entre el despido colectivo y el objetivo. Sin una información de esta clase, que tiene necesariamente que centralizarse en la representación unitaria de los trabajadores, éstos tendrán importantes dificultades para conocer la situación de la empresa en orden a la correcta utilización del cauce del despido objetivo económico y, por tanto, será muy difícil acreditar la eventual superación de los límites cuantitativos a efectos de mantener en el proceso la causa de nulidad del despido por superar los umbrales del art. 51.1 ET.

Más recientemente, el Alto Tribunal se ha pronunciado en STS de 7 marzo 2011, rec. 2965/2010, afirmando que "*...la exigencia de información a los representantes sindicales del artículo 53.1.c) del Estatuto de los Trabajadores no se refiere realmente al preaviso, sino a la comunicación del despido...; comunicación en la que debe exponerse la causa de la decisión extintiva y en la que normalmente, aparte de esta mención preceptiva de la causa, deben contenerse también las referencias a la concesión del preaviso y a la puesta a disposición de la indemnización, si bien el preaviso podría no incluirse en la comunicación*".

En esta misma sentencia se deja sentado que no se cumple con la mera información verbal, sino que hay que facilitar copia escrita de la comunicación de despido.

La falta de entrega de la copia de la carta de despido a los representantes de los trabajadores, no es un mero incumplimiento de un deber de información cuya represión se agote en una sanción administrativa, sino que supone la improcedencia del despido (vid. STS de 8 de noviembre de 2011, rec. 364/2011).

Para terminar, la STSJ Catalunya de 19 enero de 2012, rec. 5407/2011, afirma que los representantes de los trabajadores designados conforme al art. 4 del Real Decreto 43/1996 para la participación, seguimiento e implementación del expediente de regulación de empleo (ERE) en una empresa, que carecía de representación colectiva, son destinatarios de la obligación del empresario prevista en el art. 53.1 c) ET de entregar copia de la comunicación de extinción de los contratos de trabajo acordada en el ERE, por lo que la omisión de tal formalidad habría de determinar a partir de la vigencia del Real Decreto-Ley 3/2012 la improcedencia del despido, lo cuál confirma el art. 18.6 de la Ley 3/2012.

Dicha doctrina sería aplicable a los supuestos análogos previstos en la normativa posterior al ya derogado Real Decreto 43/1996, concretamente art. 51.2 y 41.4 ET, en la redacción que a ambos han dado la Ley 35/2010 primero, y la Ley 3/2012, después, que contemplan supuestos de empresas en las que no exista representación legal de los trabajadores, en que éstos podrán optar por atribuir su representación para la negociación del acuerdo, a su elección, a una comisión de un máximo de tres miembros integrada por trabajadores de la propia empresa y elegida por éstos democráticamente o a una comisión de igual número de componentes designados, según su representatividad, por los sindicatos más representativos del sector al que pertenezca la empresa y que estuvieran legitimados para formar parte de la comisión negociadora del convenio colectivo de aplicación a la misma.

6. INFORMACIÓN SOBRE JORNADA: HORAS EXTRAORDINARIAS Y COMPLEMENTARIAS

6.1. HORAS EXTRAORDINARIAS

La Disposición adicional 3ª b) del Real Decreto 1561/1995 establece que sin perjuicio de las competencias reconocidas a los representantes de los trabajadores en materia de jornada en el ET y en el presente Real Decreto, éstos tendrán derecho a: *"b) Ser informados mensualmente por el empresario de las horas extraordinarias realizadas por los trabajadores, cualquiera que sea su forma de compensación, recibiendo a tal efecto copia de los resúmenes a que se refiere el apartado 5 del artículo 35 del Estatuto de los Trabajadores"*.

El contenido de la información que debe recibir el comité de empresa no se extiende a la horas extraordinarias programadas o futuras[40].

---

40 STS 11 diciembre 2003, rec. 63/2003.

Sin embargo, esta información ha de realizarse mensualmente, y se extiende también a las horas compensadas y a las pendientes de compensación, aunque el cómputo de la jornada se efectúe en módulo anual[41].

Hay que distinguir entre este derecho de información cuyo titular es el comité de empresa o los delegados de personal, que tiene por finalidad el control del cumplimiento de la legalidad vigente en materia de jornada, del derecho de información a que hace referencia el art. 35.5 ET, cuyo titular es el trabajador que debe recibir mensualmente, a efectos del cómputo de horas extraordinarias, una copia del resumen del registro diario de jornada y totalización en el período fijado para el abono de las retribuciones en el recibo de salarios. La finalidad de la información respecto del trabajador es la prueba de las horas extras mientras que respecto del comité de empresa es la de control antes apuntada[42].

Para concluir, el empresario ha de registrar la jornada de cada trabajador día a día y entregar copia del resumen al trabajador y a sus representantes, pero sólo cuando se realicen las horas extraordinarias, por tanto el deber de información surge cuando hay horas extraordinarias no cuando no las hay[43].

6.2. HORAS COMPLEMENTARIAS

La información sobre las horas complementarias efectuadas por los trabajadores contratados a tiempo parcial viene prevista en el art. 64.2 c) ET. A la vista de las reformas introducidas primero por el Real Decreto-Ley 3/2012 y ahora por la Ley 3/2012, dicho derecho de información cobra una evidente importancia.

En efecto, el régimen de horas complementarias viene establecido en el art. 12.5 ET, que las define como aquellas cuya posibilidad de realización haya sido acordada, como adición a las horas ordinarias pactadas en el contrato a tiempo parcial, conforme al régimen jurídico establecido en el presente apartado y, en su caso, en los convenios colectivos sectoriales o, en su defecto, de ámbito inferior.

Partiendo de ello, téngase en cuenta que a partir de la entrada en vigor del Real Decreto-Ley 3/2012 el trabajador a tiempo parcial puede realizar horas extraordinarias, como confirma el art. 5 de la Ley 3/2012, a

41 STS 25 abril 2006, rec. 147/2005.

42 SAN de 12 de junio de 2005; procedimiento 39/2005.

43 STS de 11 de diciembre de 2003, rec. 62/2003.

diferencia de lo que acontecía con anterioridad, por lo que el deber de informar sobre horas complementarias y extraordinarias puede recaer en trabajadores a tiempo parcial, lo cuál era impensable antes de la citada reforma[44].

Establece el nuevo art. 12.4 c) ET que los trabajadores a tiempo parcial podrán realizar horas extraordinarias y que el número de horas extraordinarias que se podrán realizar será el legalmente previsto en proporción a la jornada pactada.

Por tanto ahora la jornada ordinaria, sumada a las horas extraordinarias y a las complementarias no pueden exceder del límite de la jornada ordinaria de un trabajador a tiempo completo comparable; por lo que el control de los representantes de los trabajadores se extiende al límite de las horas complementarias pactadas, al límite de las horas extraordinarias correspondientes y a que su suma no supere el límite legal.

En síntesis, hay 2 límites:

1) El máximo legal de horas en proporción a la jornada pactada (por ejemplo un trabajador contratado la mitad de jornada al año no puede realizar más de 40 horas anuales).

2) Las horas extras, más las complementarias y la jornada ordinaria no pueden superar la jornada de un trabajador a tiempo completo comparable.

7. INFORMACIÓN SOBRE ABONO DE SALARIOS: ABONO EN FORMA DISTINTA A PAGO EFECTIVO Y SALARIOS A COMISIÓN

7.1. FORMA DE PAGO

El art. 29.4 ET dispone que el salario, así como el pago delegado de las prestaciones de la Seguridad Social, podrá efectuarlo el empresario en moneda de curso legal o mediante talón u otra modalidad de pago similar a través de entidades de crédito, previo informe al comité de empresa o delegados de personal.

La opción entre el abono en metálico o a través de transferencia bancaria corresponde al empresario, como ha declarado el TS[45], que entien-

44 Art. 12.4 c) ET, en la redacción dada por el art. 5 Ley 3/2012, que permite realizar horas extraordinarias en el contrato a tiempo parcial estableciendo el límite (80 horas/año) en proporción a la jornada pactada.

45 STS de 5 noviembre 2001, rec. 4752/2000.

de que tal interpretación se confirma por el inciso final del precepto, en cuanto obliga a informar previamente al comité de empresa o delegados de personal.

Para terminar, la Orden de 27 de diciembre de 1994 (por la que se aprueba el modelo de recibo individual de salarios) resalta la necesidad de establecer aquél que "garantice, además de la constancia de la percepción por el trabajador de las cantidades liquidadas, la debida transparencia en el conocimiento por el mismo de los diferentes conceptos de abono y descuento que conforman tal liquidación.

Para concluir, dado que estamos ante un deber de información previa a la adopción de la medida, su desconocimiento ha de comportar una infracción de las previstas en el art. 7.7 LISOS.

7.2. SALARIOS A COMISIÓN

Establece el art. 29.2 ET que el derecho al salario a comisión nacerá en el momento de realizarse y pagarse el negocio o la colocación o venta en que hubiera intervenido el trabajador liquidándose y pagándose, salvo que se hubiere pactado otra cosa, al finalizar el año. El trabajador y sus representantes legales pueden pedir en cualquier momento comunicaciones de la parte de los libros referentes a tales devengos.

Esta información tiene por finalidad el control periódico del devengo del salario a comisión, que al producirse cuando se paga el negocio o la colocación o venta, el trabajador puede y suele no tener conocimiento del mismo, por lo que la ignorancia de tal dato le puede causar perjuicios derivados del olvido o mala fe del empresario al liquidar al finalizar el año las cantidades debidas.

8. INFORMACIÓN SOBRE VENTA DE BIENES DE LA EMPRESA

En los supuestos de extinción colectiva de contratos de trabajo, el art. 51.3 ET establece que cuando la misma afectase a más del 50 por 100 de los trabajadores, se dará cuenta por el empresario de la venta de los bienes de la empresa, excepto de aquellos que constituyen el tráfico normal de la misma, a los representantes legales de los trabajadores y, asimismo, a la autoridad competente.

Esta información es una medida precautoria que tiene por finalidad garantizar los derechos de los trabajadores frente al empresario en caso de despido colectivo, impidiendo una descapitalización subrepticia de la empresa que pudiera impedir la efectividad de la resolución judicial que finalmente pueda recaer en el proceso de despido (art. 124 y 124.11 LRJS) y que puede comportar el desembolso de indemnizaciones, salarios de trámite, etc; cuya efectividad puede verse mermada o impedida por la descapitalización de bienes realizables sobre los que hacer efectivas tales deudas en caso de incumplimiento.

Esta naturaleza precautoria la encontrábamos plasmada en el art. 10 del Real Decreto 801/2011[46] que facultaba a los representantes legales de los trabajadores para solicitar la iniciación del procedimiento de regulación de empleo, si racionalmente presumían que la no incoación del mismo por el empresario pueda ocasionarles perjuicios de imposible o difícil reparación.

[46] Precepto que no continúa vigente, conforme se desprende de la Orden ESS/487/2012, de 8 de marzo, sobre vigencia transitoria de determinados artículos del Reglamento de los procedimientos de regulación de empleo y de actuación administrativa en materia de traslados colectivos, aprobado por Real Decreto 801/2011, de 10 de junio.

Capítulo IX

DERECHO DE INFORMACIÓN EN MATERIA DE PREVENCIÓN DE RIESGOS LABORALES

Los trabajadores tienen derecho a participar en la empresa en las cuestiones relacionadas con la prevención de riesgos en el trabajo (art. 34.1 LPRL y arts. 9.2, 40.2 y 129.2 CE). Dicha representación en las empresas o centros que cuenten con 6 ó más trabajadores se canaliza a través de sus representantes y de la representación especializada, integrada por los delegados de prevención (vid. Capítulo V LPRL)[47].

Es preciso decir que tales representantes especializados en materia preventiva se designan por y entre los representantes de personal (art. 35 LPRL), por lo que son o delegados de personal o miembros del comité de empresa que reúnen, además de las propias, competencias específicas en materia preventiva.

En los casos en que no existan representantes especializados (delegados de prevención), los representantes unitarios asumen las competencias específicas de los mismos en el centro de trabajo y tienen facultades de inspección y control de las medidas legales y reglamentarias de seguridad e higiene (art. 19.3 ET) y de recepción de la información correspondiente (vid art. 18.1 y 23 LPRL).

Por tanto, las competencias de los delegados de prevención en materia de información, consulta, vigilancia y control, que se contemplan en el art. 18 y 36 LPRL, corresponderán a los representantes unitarios cuando los delegados de prevención no existan en la empresa.

Por otro lado, en los supuestos de concurrencia de representaciones unitarias, sindicales y delegados de prevención hay que estar a lo que dispone el art. 34.2 LPRL, partiendo del cuál, las competencias les vienen asignadas a las representaciones unitarias por el ET (arts.19 y 64 ET), a las sindicales por la LOLS (art. 10.3.1º y 2º LOLS) y a los delegados de prevención por la LPRL (art. 36 LPRL).

47 Ver anexo normativo apartado IV.

Tomando como base tal distribución, podemos resumir los derechos de información en materia de prevención, en supuestos de concurrencia de representaciones unitarias, sindicales y especializadas, en función de la representación que se ostenta, como sigue:

Delegados de prevención

Del examen conjunto de la LPRL y particularmente del contenido de los arts. 18 y 36 de dicha norma, los delegados de prevención tienen derecho a ser informados sobre:

a) Los riesgos para la seguridad y la salud de los trabajadores en el trabajo, tanto aquellos que afecten a la empresa en su conjunto como a cada tipo de puesto de trabajo o función.

b) Las medidas y actividades de protección y prevención aplicables a los riesgos señalados en el apartado anterior.

c) Las medidas adoptadas en materia de emergencias, primeros auxilios, lucha contra incendios y evacuaciones contenidas en el art. 20 de la LPRL.

d) Las conclusiones generales (no individualizadas) que se deriven de los reconocimientos efectuados en relación con la aptitud del trabajador para el desempeño del puesto de trabajo o con la necesidad de introducir o mejorar las medidas de protección y prevención, a fin de que puedan desarrollar correctamente sus funciones en materia preventiva (art. 22.4 LPRL).

e) Tener acceso a la información y documentación relativa a las condiciones de trabajo que sean necesarias para el ejercicio de sus funciones, con las limitaciones de la confidencialidad de los datos y la prohibición del uso de dicha prohibición en perjuicio del trabajador o para fines discriminatorios [art. 36.2.b) LPRL].

f) Ser informados por el empresario sobre los daños producidos en la salud de los trabajadores una vez que aquél hubiese tenido conocimiento de ellos, pudiendo presentarse, aun fuera de su jornada laboral, en el lugar de los hechos para conocer las circunstancias de los mismos.

g) Recibir del empresario las informaciones obtenidas por éste procedentes de las personas u órganos encargados de las actividades de protección y prevención en la empresa, así como de los organismos competentes para la seguridad y la salud de los trabajadores, sin perjuicio de lo dispuesto en el artículo 40 LPRL en materia de colaboración con la Inspección de Trabajo y Seguridad Social.

h) Adscripción de trabajadores puestos a disposición por empresas de trabajo temporal (art. 28.5 LPRL).

Representación unitaria

El art. 64.2 d) ET, contempla el derecho del comité de empresa a ser informado trimestralmente de las estadísticas sobre el índice de absentismo y sus causas, los accidentes de trabajo y enfermedades profesionales y sus consecuencias, los índices de siniestralidad, los estudios periódicos o especiales del medio ambiente laboral y los mecanismos de prevención que se utilicen.

La representación unitaria tiene competencias de vigilancia y control de las condiciones de seguridad y salud en el desarrollo del trabajo en la empresa, con las particularidades previstas en este orden por el artículo 19 ET, por lo que para el ejercicio de tal competencia será precisa la información que les habrán de suministrar los propios delegados de prevención que son, no lo olvidemos, delegados de personal o miembros del comité de empresa (art. 35 LPRL).

Delegados sindicales

- Si no forman parte del comité de empresa tienen acceso a la misma información y documentación que la empresa ponga a disposición del comité de empresa (art. 10.3.1 LOLS), que ha de incluir la que se pone a disposición de los delegados de prevención, que forman parte del comité de empresa o son delegados de personal.

- Tienen derecho a asistir a las reuniones de los órganos internos de la empresa en materia de seguridad e higiene con voz pero sin voto (art. 10.3.2 LOLS).

DERECHO DE INFORMACIÓN E IGUALDAD DE TRATO

El art. 64.3 ET establece que el comité de empresa tiene derecho a recibir información, al menos anualmente, relativa a la aplicación en la empresa del derecho de igualdad de trato y de oportunidades entre mujeres y hombres, entre la que se incluirán datos sobre la proporción de mujeres y hombres en los diferentes niveles profesionales, así como, en su caso, sobre las medidas que se hubieran adoptado para fomentar la igualdad entre mujeres y hombres en la empresa y, de haberse establecido un plan de igualdad, sobre la aplicación del mismo.

Este precepto ha de concordarse forzosamente con la LO 3/2007 en cuyos arts. 45, 47.4, 62, 64 y 73 se contempla la participación, información y consulta de los trabajadores en materia de igualdad, en ámbitos como los planes de igualdad, protocolos de actuación frente al acoso sexual y al acoso por razón de sexo, plan de igualdad en la Administración General del Estado y en los organismos públicos vinculados o dependientes de ella y acciones de responsabilidad social de las empresas en materia de igualdad.

Por economía expositiva nos referiremos a los derechos de información, consulta y negociación en esta materia de forma conjunta.

Conforme al art. 45 LO 3/2007, las empresas están obligadas a respetar la igualdad de trato y de oportunidades en el ámbito laboral y, con esta finalidad, deberán adoptar medidas dirigidas a evitar cualquier tipo de discriminación laboral entre mujeres y hombres, medidas que deberán negociar, y en su caso acordar, con los representantes legales de los trabajadores en la forma que se determine en la legislación laboral.

De entre estas medidas destacan los Planes de Igualdad, que han de adoptarse en los siguientes casos: (art. 45 LO 3/2007):

1) Empresas de más de doscientos cincuenta trabajadores, que deberá ser asimismo objeto de negociación en la forma que se determine en la legislación laboral. Existe el deber de negociar el plan de igualdad.

2) Cuando así se establezca en el convenio colectivo que sea aplicable, en los términos previstos en el mismo. Tengamos en cuenta el art. 85 ET dispone la obligación de negociar medidas dirigidas a promover la igualdad de trato y de oportunidades entre mujeres y hombres en el ámbito laboral o, en su caso, planes de igualdad con el alcance y contenido previsto en el Capítulo III del Título IV de la Ley Orgánica para la igualdad efectiva de mujeres y hombres.

3) Cuando la autoridad laboral hubiera acordado en un procedimiento sancionador la sustitución de las sanciones accesorias por la elaboración y aplicación de dicho plan, en los términos que se fijen en el indicado acuerdo. Existe el deber de negociación o consulta previo.

La elaboración e implantación de planes de igualdad será voluntaria para las demás empresas, previa consulta a la representación legal de los trabajadores y trabajadoras.

Capítulo XI

DERECHO DE AUDIENCIA

El derecho de audiencia ya ha sido definido en el capítulo II de este trabajo, por lo que ahora incidiremos en cada uno de los casos concretos en que dicho derecho se plasma. En general, tenemos que decir que la audiencia es una mayor garantía que la mera información, pues la audiencia presupone la información y, además, exige que el empresario oiga a los representantes de los trabajadores con carácter previo a la adopción de determinadas decisiones y tenga en cuenta lo manifestado por los representantes de los trabajadores a fin de poder, en su caso, variar o mantener su proyecto de decisión, con o sin emisión de un informe por parte de los representantes de los trabajadores.

1. DESPIDOS Y SANCIONES A AFILIADOS

El art. 10.3.3 LOLS contempla el derecho de los delegados sindicales a ser oídos por la empresa previamente a la adopción de medidas de carácter colectivo que afecten a los trabajadores en general y a los afiliados a su sindicato en particular, y especialmente en los despidos y sanciones de estos últimos.

Este precepto hay que concordarlo con el art. 55.1 ET que en los casos de despido disciplinario establece que si el trabajador estuviera afiliado a un sindicato y al empresario le constare, deberá dar audiencia previa a los delegados sindicales de la sección sindical correspondiente a dicho sindicato. Desde la óptica procesal, el art. 104.d) LRJS exige en la demanda de despido disciplinario que conste si el trabajador se encuentra afiliado a algún sindicato, en el supuesto de que alegue la improcedencia del despido por haberse realizado éste sin la previa audiencia de los delegados sindicales, si los hubiera. En los hechos probados de la sentencia habrá de constar también la circunstancia de la afiliación, en su caso [art. 107 c) LRJS]. Lo propio cabe decir del proceso especial de sanciones (vid arts. 115 y concordantes LRJS).

Las diferencias entre el derecho de audiencia que estamos comentado de otros afines, como los previstos en el art. 64.4 c), que establece el derecho del comité de empresa a ser informado de todas las sanciones impuestas por faltas muy graves o el derecho a ser oído el comité de empresa o restantes delegados de personal en los casos de sanción a representantes unitarios por faltas graves o muy graves [art. 68.1 a) ET]; ya las hemos desarrollado en el capítulo VIII, al que nos remitimos.

En cuanto a la finalidad de la audiencia previa, conforme a la STC 30/1992, de 18 de marzo, el significado y alcance del art. 10.3.3 LOLS, no es tanto la de configurar una información general de los delegados sindicales sino instrumentar una protección del trabajador afiliado, en la medida en que la intervención previa del órgano sindical permita a éste ejercer un control, aunque sólo sea en audiencia, sobre la decisión empresarial y desarrollar oportunamente una defensa eficaz de sus afiliados. En el mismo sentido la doctrina ha señalado que tal finalidad consiste en otorgar una protección adicional al trabajador sindicado para que no se vea restringido, limitado o coartado en el pleno ejercicio de su derecho de libertad sindical tipificado en el art. 2.1 de la LOLS en línea con la protección conferida por el Convenio núm. 87 de la OIT.

Como presupuestos del derecho de audiencia, destacan el conocimiento por el empresario de la afiliación del trabajador al sindicato y la existencia de delegado sindical conforme al art. 10.1 LOLS.

En cuanto al conocimiento por el empresario de la afiliación sindical se ha considerado que tiene constancia cuando conste en la hoja salarial la deducción de la cuota sindical[48]. Tengamos en cuenta que la garantía de audiencia previa no se impone al empresario en todos los casos en que el trabajador que es objeto de despido, esté afiliado a un Sindicato, sino que se limita a los supuestos en que ello le constare, y este extremo tiene una evidente importancia respecto a la forma en que ha de llevarse a cabo la notificación del despido, ya que excluye cualquier tipo de obligación para él de verificar posibles averiguaciones, a efectos de determinar si la afiliación existe realmente[49]. De forma que el empresario no tiene un deber de averiguar la afiliación, habiéndose entendido que éste no tiene que tener tal conocimiento por el simple hecho de que el trabajador formara parte de una candidatura, pues ello no exige su afiliación[50].

48 STSJ Comunidad Valenciana 3 junio 1996, rec. 3388/1995.

49 STSJ Galicia 31/05/1995, rec. 2519/1993.

50 STSJ Galicia 31/05/1995, rec. 2519/1993.

En cuanto a la extensión objetiva del derecho de audiencia, el mismo no abarca las extinciones derivadas de causas no disciplinarias[51], pero si la causa aducida por la empresa es de índole disciplinaria hay que cumplir con la audiencia previa aunque la extinción no guarde relación alguna con la actividad sindical[52].

En relación a la extensión subjetiva del derecho de audiencia previa, sólo abarca a los delegados sindicales nombrados conforme al art. 10 de la LOLS[53], por lo que no es posible en supuestos de empresas de menos de 250 trabajadores o de delegados sindicales de sindicatos que no formen parte del comité de empresa, delegados de personal u órganos de representación de las Administraciones públicas, salvo que ello venga establecido por convenio colectivo, estatutario o no.

Con respecto al contenido de la audiencia no hay que confundir una mera notificación o información con la audiencia[54], el delegado sindical ha de ser oído y ello requiere informar y dar un plazo razonable con carácter previo al despido. En este sentido, las SSTS de 16 de octubre de 2001 (rec. 3024/2000) y 31 de enero de 2001 (rec. 148/2000), afirman que a la vista del texto del artículo 10.3.3 de la LISOS y del artículo 55.1 del ET "es dable deducir de la finalidad del trámite previo de audiencia al despido del trabajador afiliado, fijada por la jurisprudencia unificadora, que, salvo la concurrencia de excepcionales circunstancias, las que en el caso enjuiciado no se acredita concurran, no se compagina el real cumplimiento de la finalidad del referido trámite tendente a que el delegado sindical pueda ser efectivamente oído con la fijación empresarial de un breve plazo de audiencia a los delegados sindicales que no se acredita fuera superior a un día previo a la efectividad del despido".

La finalidad del plazo para la audiencia previa consiste en articular una efectiva defensa preventiva de los intereses del trabajador afiliado que pudiera dar lugar a un cambio de la decisión proyectada por el empresario o a adoptar medidas que pudieran influir de manera preventiva en la decisión disciplinaria proyectada y a suministrar información al empresario sobre determinados aspectos o particularidades de la conducta y de la situación del trabajador afectado.

---

51 SSTS de 23 mayo 1995, rec. 2313/1994 y 18 febrero 1997, rec. 1868/1996 y STSJ Cataluña de 22 julio, rec. 2803/2002.

52 STSJ Madrid 19 diciembre 2004, rec. 720/2003.

53 STS de 25 de junio de 1990, RJ 1990, 5514.

54 STSJ Castilla y León/Valladolid, de 11 enero de 2006, rec. 2275/2005.

Este plazo, como se ha dicho, aunque no viene fijado en la LOLS, ha de ser razonable para cumplir tal finalidad, como ha reiterado la doctrina del TS[55], que afirma que se desprende con claridad que la función institucional del trámite preceptivo de audiencia a los delegados sindicales [...] no es la notificación de un acuerdo empresarial meramente pendiente de ejecución, sino la comunicación de un proyecto de sanción o despido en cuya decisión en firme puede influir la información proporcionada por el delegado sindical al empresario Para terminar, la consecuencia de la falta de audiencia a los delegados sindicales es la improcedencia del despido disciplinario, conforme al art. 55.4 ET y art. 108.1 LRJS, o bien la nulidad de la sanción (art. 115.2 LRJS).

2. MEDIDAS DE CARÁCTER COLECTIVO

Analizaremos ahora un conjunto de supuestos a los que el art. 64.5 ET asigna el derecho al comité de empresa de emitir informe, con carácter previo a la ejecución por parte del empresario de las decisiones adoptadas por éste con trascendencia colectiva.

2.1. REESTRUCTURACIONES DE PLANTILLA Y CESES TOTALES O PARCIALES, TEMPORALES O DEFINITIVOS DE AQUÉLLA

Se contempla en el art. 64.5 a) ET. En este punto existe un cierto solapamiento con otras garantías previstas en el ET, como la apertura de período de consultas que se contempla en los casos de despidos colectivos (art. 51.2 ET) y reducciones o suspensiones de jornada (art. 47 ET), para los supuestos de ceses totales o parciales o definitivos o temporales de plantilla.

En cuanto a los despidos colectivos, es obvio que cuando los mismos se produzcan hay que seguir el trámite del art. 51.2 ET, sin que tenga sentido la emisión de un informe previo, pues el período de consultas tienen un contenido negociador mucho más amplio. Por tanto, habrá que entender que el informe previo será aplicable, por exclusión, cuando no proceda un despido colectivo, por no superarse los umbrales del art. 51.1 ET, en el caso de ceses parciales, es decir, sería aplicable a los despidos plurales seguidos conforme al art. 52 c) ET (por ejemplo nueve trabajadores en una empresa con menos de cien en un período de noventa días)[56]. Sin embargo, tal interpretación no

[55] SSTS 7 junio 2005, rec. 5200/2003 y 12 julio 2006, rec. 2276/2005.

[56] En el mismo sentido opina GALIANA MORENO, J. M., en "Comentarios al Estatuto de los Trabajadores". MONTOYA MELGAR, A. y AAVV. Ed. Aranzadi; 8ª edición, p. 871.

es pacífica, y no lo entiende así la STSJ Illes Balears de 23 de septiembre, rec. 297/2010.

En el caso de ceses temporales de plantilla el citado criterio de aplicación por exclusión del informe a los supuestos en que no sean de carácter colectivo carece de sentido, pues el art. 47 ET prevé que el procedimiento, que incluye un período de consultas será aplicable cualquiera que sea el número de trabajadores de la empresa y del número de afectados por la suspensión y la apertura simultánea de un periodo de consultas.

En este sentido la doctrina contenciosa, a efectos sancionatorios del art. 7 LISOS, ha interpretado que *«por ceses totales o parciales definitivos» hay que entender los resultantes de los expedientes de crisis regulados en el artículo 51 de la misma norma, en tanto que por «ceses totales o parciales... temporales» hay que entender los expedientes de suspensión a que se refiere el artículo 47*[57].

Por otro lado, los supuestos de restructuración de plantilla mediante reclasificación de personal pueden incardinarse dentro de los casos de modificaciones sustanciales colectivas, que exigen un período de consultas, en el que queda embebido el informe previo del art. 64.5 ET.

Para terminar, en alguna sentencia se ha considerado que la información previa al comité de los despidos que se han de realizar junto a la entrega de la carta de despido en presencia de un miembro del comité, que la lee, suple la obligación legal de entregar copia de la carta de despido en caso de despido objetivo al comité de empresa o delegados por causas objetivas del art. 53.1 ET[58]; lo que evidencia la relación entre ambas garantías: la información previa al comité de los despidos objetivos y la notificación de la copia de la carta de comunicación de despido. Ambas garantías pueden entenderse dirigidas, sin mucha dificultad, a la finalidad de controlar la legalidad de los despidos y la distinción colectivo *vs* individuales/plurales, así como el fraude por goteo previsto en el art. 51.1 (último párrafo).

2.2. REDUCCIONES DE JORNADA

El art. 64.5. b) ET impone el informe previo del comité de empresa en los supuestos de reducciones de jornada.

57 STS, contencioso administrativo, de 1 marzo 1988, RJ 1988/2138.

58 SSTSJ Catalunya de 9 febrero, rec. 3809/2010 y 16 de diciembre de 2010, rec. 4842/2010.

La circunstancia de que esta norma no haya sido afectada por las reformas operadas por la Ley 35/2010 y la Ley 3/2012 plantea importantes interrogantes sobre a qué reducciones de jornada se refiere el art. 64.5 a) ET.

En primer lugar, hay que precisar que la reducción de jornada por causas económicas, técnicas, organizativas o productivas, cualquiera que sea el número de trabajadores afectados el número de trabajadores de la empresa ha de seguir los trámites del art. 47 ET, que incluye un período de consultas que hace carecer de sentido el informe previo del art. 64.5 a) ET, pues es una garantía más amplia.

Cabe plantearse pues, a qué supuestos se aplicaría el informe previo del art. 64.5 ET. Para ello, hemos de partir que el art. 47 ET sólo se aplica a los supuestos de reducción de jornada en que la disminución temporal sea de entre un 10 y un 70 por ciento de la jornada de trabajo computada sobre la base de una jornada diaria, semanal, mensual o anual.

Por ello, en los demás casos, sería exigible el informe previo del comité en las modificaciones entre un 1 y un 10 por ciento de jornada, no así en las que superen el 70 por ciento, que estarían proscritas, pues tal tope hay que reputarlo un máximo de derecho necesario y ello siempre que dichas reducciones revistan un carácter temporal o transitorio, pues de lo contrario estaríamos ante una mutación del tipo de contrato de tiempo completo a tiempo parcial, proscrita por el art. 12.4 e) ET.

En efecto, el art. 12.4 e) ET dispone que la conversión de un trabajo a tiempo completo en un trabajo parcial y viceversa tendrá siempre carácter voluntario para el trabajador y no se podrá imponer de forma unilateral o como consecuencia de una modificación sustancial de condiciones de trabajo al amparo de los dispuesto en la letra a) del apartado 1 del artículo 41. El trabajador no podrá ser despedido ni sufrir ningún otro tipo de sanción o efecto perjudicial por el hecho de rechazar esta conversión, sin perjuicio de las medidas que, de conformidad con lo dispuesto en los artículos 51 y 52 c) de esta Ley, puedan adoptarse por causas económicas, técnicas, organizativas o de producción.

Ello nos lleva a otro supuesto fronterizo y dudoso con el derecho de audiencia previa en los supuestos de reducciones de jornada: el de modificación sustancial de condiciones de trabajo (entre ellas la jornada) del art. 41.ET. Como hemos visto el art. 12.4 e) prohíbe la reducción permanente de jornada contra la voluntad del trabajador, vía art. 41.1 ET, por lo que las modificaciones sustanciales de jornada a que alude el precepto sólo pueden referirse, en buena lógica, a:

- Reducciones temporales de jornada por debajo del 10 por ciento.

- Aumentos de jornada.

Siempre que dicha jornada no esté reconocida en convenio colectivo estatutario, en cuyo caso se aplica el procedimiento de inaplicación de convenio del art. 82.3 ET (vid art. 41.6 ET).

En este sentido, se ha considerado modificación sustancial la reducción de la jornada diaria acompañada de la ampliación de los días laborales (en realidad se trataría de una redistribución de jornada o modificación de horario: vid. STSJ Catalunya 27 de febrero de 1998, rec. 8449/1997), o bien la reducción de jornada por pérdida de una contrata (STS 7 de abril de 2000, rec. 1745/1999).

Sin embargo, no se ha considerado modificación sustancial la reducción de jornada sin merma de retribución (vid. SJS Madrid de 7 de junio de 2002).

Hay que precisar que a partir de la Ley 3/2012 conforme al art. 41.2 y 41.6 ET existen dos procedimientos distintos de modificación sustancial de las condiciones de trabajo en función de la fuente en que se hayan reconocido:

- La del art. 41 ET, si las fuentes son contrato de trabajo, acuerdos o pactos colectivos o decisión unilateral del empresario de efectos colectivos.

- La del art. 82.3 ET si la fuente es convenio colectivo estatutario (de éstas hablaremos en otro capítulo).

En estos casos, cuando la modificación es individual la decisión de modificación sustancial de condiciones de trabajo deberá ser notificada por el empresario al trabajador afectado y a sus representantes legales con una antelación mínima de 15 días a la fecha de su efectividad (supuesto ya comentado en capítulo VIII), y que, por tanto, no resulta problemático, pues en tales casos es compatible la audiencia previa con la notificación, en ese mismo orden.

Por otro lado, cuando la modificación sustancial de jornada prevista en contrato, acuerdo colectivo, etc, es de carácter colectivo, por superar los umbrales previstos en el art. 41.2 ET, en la redacción dada por la Ley 3/2012, se tiene que seguir un período de consultas (art. 47.4 ET) que, una vez más, hace innecesario el trámite de audiencia previa del art. 64.5 ET, por ser más amplio aquel período de consultas en su contenido (negociación) y finalidad (llegar a un acuerdo) y garantista en cuanto a los efectos de su omisión, que el trámite de audiencia previa. Por ello mismo, la ausencia del período de consultas habría de suponer la nulidad de la decisión de reducción de jornada, consecuencia que no viene expresamente prevista en el art. 47 o en los arts. 153 a 161 LRJS, pero que es acorde con lo que análogamente prevé el art. 124 para el caso de omisión del trámite del período de consultas en los casos de despido colectivo (vid art. 124.11 LRJS).

Por otro lado, el período de consultas se puede sustituir por el procedimiento de mediación o arbitraje que sea de aplicación en el ámbito de la empresa, que deberá desarrollarse dentro del plazo máximo señalado para dicho periodo de consultas (15 días).

Dicho ello, y volviendo al tema que nos ocupa, hay que entender que el período de consultas previsto en el art. 41.1 es más amplio y garantista que la información previa al comité de empresa y que, por tanto, queda éste sustituido por aquél, pudiéndose entender únicamente aplicable la información previa del art. 64.5 a los supuestos de modificación sustancial de carácter individual (reducción de jornada temporal entre el 1 y el 10%) en que la audiencia previa se añadiría, precediéndola a la notificación de la medida con 15 días de antelación a su efectividad.

Otros supuestos a los que el criterio de efectividad de la norma (art. 64.5 ET) nos lleva a entender aplicable la audiencia previa, son los casos de reducciones de jornada por conciliación de la vida familiar y laboral, previstos en el art. 37.4 bis, 34.5 y 37.7 ET, en particular en los supuestos en que los convenios colectivos establezcan criterios para la concreción horaria de la reducción de jornada, en atención a los derechos de conciliación de la vida personal, familiar y laboral del trabajador y las necesidades productivas y organizativas de las empresas.

2.3. TRASLADO TOTAL O PARCIAL DE LAS INSTALACIONES

El art. 64.5 c) ET se refiere al traslado total o parcial de las instalaciones como supuesto en que es exigible audiencia previa e informe por parte de los representantes de los trabajadores, con carácter previo a la ejecución de la medida.

Hemos de distinguir este supuesto de los de movilidad geográfica del art. 40 ET, que se refiere al traslado de trabajadores, no de instalaciones. El art. 40 distingue, a su vez, entre:

- Traslados individuales o plurales que exigen que la notificación al trabajador y a sus representantes con una antelación mínima de 30 días a su efectividad.

- Traslados colectivos que exigen la celebración de un período de consultas de una duración no superior a 15 días.

Hechas estas precisiones hemos de empezar por afirmar que no todo traslado total o parcial de instalaciones ha de suponer un traslado de trabajadores y viceversa, por lo que se requerirá la audiencia previa e informe en todos los supuestos de traslados totales o parciales de instalaciones, aunque no impliquen traslado de un solo trabajador (por ejemplo una fábrica con almacén que traslada el almacén a otro inmueble del mismo municipio).

En segundo lugar, en los supuestos en los que se solapen traslado de instalaciones y traslados de trabajadores, cada cuál habrá de seguir sus garantías. Siguiendo el ejemplo de la fábrica que traslada las instalaciones de su almacén de productos, cuando el traslado del almacén se produzca a otro inmueble de distinto municipio que requiera cambio de residencia de trabajadores, habrán de seguirse los siguientes trámites:

1) Audiencia e informe previo del comité de empresa sobre el traslado de las instalaciones, en cualquier caso; además

2) Notificación al trabajador y a sus representantes en caso de traslados individuales o plurales; y

3) Período de consultas en caso de traslados colectivos.

Sin embargo, existen autores[59] que entienden que el traslado total o parcial de las instalaciones hay que remitirlo al art. 40 ET, pues lo interpretan como traslado de trabajadores.

No comparto tal postura, pues el traslado de las instalaciones, sin que suponga traslado de trabajador alguno, tiene entidad suficiente, al menos desde la óptica preventiva, como para que los representantes de los trabajadores sean oídos e informen con carácter previo (vid arts. 33.1 a) en relación con el art. 33.2 LPRL).

[59] GALIANA MORENO, J. M., en "Comentarios al Estatuto de los Trabajadores". MONTOYA MELGAR, A. y AAVV., Ed. Aranzadi; 8ª edición, p. 871.

2.4. PROCESOS DE FUSIÓN, ABSORCIÓN O MODIFICACIÓN DEL ESTATUS JURÍDICO DE LA EMPRESA QUE IMPLIQUEN CUALQUIER INCIDENCIA QUE PUEDA AFECTAR AL VOLUMEN DE EMPLEO

El art. 64.5.d) ET contempla el derecho a emitir informe con carácter previo a tales procesos, que son coincidentes y hay que relacionar con los supuestos de sucesión de empresas regulados en el art. 44 ET.

Tengamos en cuenta que el art. 44 ET en sus apartados 6 a 10 contempla los derechos de información y consulta de los representantes de los trabajadores de las empresas cedentes y cesionarias, en los casos de transmisión de empresas, que o serán comentados en otras partes de este estudio (vid. infra: capítulo XII).

2.5. PLANES DE FORMACIÓN PROFESIONAL DE LA EMPRESA

El art. 64.5 e) ET establece el derecho del comité de empresa a emitir informe, con carácter previo a la ejecución por parte del empresario de los planes de formación profesional de la empresa.

En este sentido hay que tener en cuenta el Real Decreto 395/2007, de 23 de marzo, por el que se regula el subsistema de formación profesional para el empleo, que prevé que las empresas que desarrollen acciones formativas para sus trabajadores o para desempleados con compromiso de contratación, podrán hacerlo a través de sus propios medios, siempre que cuenten con el equipamiento adecuado para este fin, o a través de contrataciones externas. Dichas empresas tienen la consideración de entidades de formación conforme al art. 9. Por otro lado, los planes de formación de empresa se inscriben dentro de la formación en demanda, que está integrada por las acciones formativas de las empresas y los permisos individuales de formación.

El art. 12.1 del citado Real Decreto 395/2007 dispone que corresponde a las empresas la planificación y gestión de la formación de sus trabajadores, a los trabajadores la iniciativa en la solicitud de los citados permisos, y a la representación legal de los trabajadores el ejercicio de los derechos de participación e información previstos en este Real Decreto.

Será pues, en el marco de estos derechos de participación e información en que se desarrolle el derecho previsto en el art. 64.5.e) ET.

Este derecho de información viene concretado en el art. 15 del Real Decreto 395/2007, que establece las siguientes reglas:

1. La empresa deberá someter las acciones formativas, incluidas las de los permisos individuales, a información de la representación legal de los trabajadores, de conformidad con lo dispuesto en el ET. A tal efecto, pondrá a disposición de la citada representación, al menos, la siguiente información:

- Denominación, objetivos y descripción de las acciones a desarrollar.
- Colectivos destinatarios y número de participantes por acciones.
- Calendario previsto de ejecución.
- Medios pedagógicos.
- Criterios de selección de los participantes.
- Lugar previsto de impartición de las acciones formativas.
- Balance de las acciones formativas desarrolladas en el ejercicio precedente.

Como consecuencia específica del incumplimiento del deber de información el art. 15 establece la pérdida de la adquisición y, en su caso, el mantenimiento del derecho a la bonificación.

2. El informe sobre las acciones formativas a desarrollar por la empresa ha de evacuarse en el plazo de 15 días desde la recepción de la documentación descrita en el apartado anterior, transcurrido el cual sin que se haya remitido el citado informe se entenderá cumplido este trámite.

3. Si a resultas del trámite previsto en el apartado anterior surgieran discrepancias entre la dirección de la empresa y la representación legal de los trabajadores respecto al contenido de la formación se dilucidarán las mismas en un plazo de 15 días a computar desde la recepción por la empresa del informe de la representación legal de los trabajadores, debiendo dejarse constancia escrita del resultado del trámite previsto en este apartado.

4. La ejecución de las acciones formativas y su correspondiente bonificación sólo podrá iniciarse una vez finalizados los plazos previstos en los apartados 2 y 3 de este artículo.

5. En caso de que se mantuviera el desacuerdo a que se refiere el apartado 3 entre la representación legal de los trabajadores y la empresa respecto a las acciones formativas, el examen de las discrepancias al objeto de mediar sobre las mismas corresponde a la comisión paritaria competente.

En el supuesto de que no mediara la correspondiente comisión paritaria, de que no existiera tal comisión o de que se mantuvieran las discrepancias tras la mediación, la Administración competente, según la distribución competencial establecida en la disposición adicional primera, conocerá sobre ellas, siempre que se deban a alguna de las siguientes causas: discriminación de trato, en los términos legalmente establecidos, realización de acciones que no se correspondan con la actividad empresarial o concurrencia de cualquier otra circunstancia que pueda suponer abuso de derecho en la utilización de fondos públicos.

La Administración competente dictará resolución que podrá afectar a la adquisición y mantenimiento del derecho a la bonificación correspondiente a la acción o acciones formativas en las que se haya incurrido en las causas antes señaladas. Si se declarara improcedente la bonificación aplicada, se iniciará el procedimiento para el abono por la empresa de las cuotas no ingresadas.

Cuando la empresa no tenga representación legal de los trabajadores será necesaria la conformidad de los trabajadores afectados por las acciones formativas. La disconformidad o denuncia por cualquier trabajador de la empresa basada en las causas mencionadas en el apartado anterior dará lugar al inicio del procedimiento previsto en dicho apartado.

2.6. IMPLANTACIÓN O REVISIÓN DE SISTEMA DE ORGANIZACIÓN Y CONTROL DEL TRABAJO, ESTUDIOS DE TIEMPOS, ESTABLECIMIENTO DE SISTEMAS DE PRIMAS E INCENTIVOS Y VALORACIÓN DE PUESTOS DE TRABAJO

El art. 64.5 f) ET prevé el derecho del comité de empresa a emitir informe, con carácter previo a la ejecución por parte del empresario de estas medidas.

Hay que partir de que los supuestos a que se refiere el precepto no comportan la modificación sustancial de condiciones de trabajo, pues en tal caso se aplicarán los procedimientos previstos en el art. 41 ET.

Por tanto, los sistemas de organización, estudios de tiempos, establecimientos de sistemas de primas o incentivos y valoración de puestos han de ir precedidos del informe previo del comité de empresa, salvo que constituyan modificaciones sustanciales, en cuyo caso han de seguirse los trámites y garantías del art. 41 ET.

En cuanto a la valoración de los puestos de trabajo, se ha sostenido en algún caso concreto que dicho derecho no incluye la descripción de los puestos de trabajo, afirmación que no es predicable con carácter general pues en el caso en particular[60], en virtud de convenio colectivo el comité de empresa no intervenía directamente en la valoración de los puestos de trabajo, al hacerse ello por un órgano específico de carácter paritario previsto en el convenio, que era la comisión de valoración, de cuyos seis miembros tres son elegidos por el comité y los otros tres por la dirección de la empresa.

En casos comunes, como resulta lógico, toda valoración de puestos de trabajo debería ir precedida de una descripción de los mismos, que el comité de empresa deberá conocer para informar. Además, la descripción del puesto de trabajo es una información accesible al comité por la vía del art. 23 b) y 36 d) LPRL, pues la evaluación de riesgos se hace puesto a puesto (vid art. 4 Real Decreto 39/1997).

En tal sentido se ha dicho que debe entregarse al comité de empresa el estudio técnico de la plantilla completa que sirve de base para la elaboración de las relaciones de puestos de trabajo, pero no los datos personales de los titulares de jefaturas (SAN 17 de marzo de 1998, AS 1998/1015).

En cuanto al establecimiento de primas o incentivos, dentro de tales conceptos no se han entendido comprendidas, como es lógico, las dietas o el kilometraje percibidos por los trabajadores[61].

Una cuestión polémica ha sido y es la implantación o revisión de los sistemas de control del trabajo, que conforme al art. 20.3 ET deben hacerse guardando en su adopción y aplicación la consideración debida a la dignidad humana de los trabajadores y teniendo en cuenta la capacidad real de los trabajadores disminuidos, en su caso [vid. art. 10.1 CE y art. 4.2 e) ET].

En este sentido, el informe de los representantes de los trabajadores podría hacer referencia al juicio de proporcionalidad respecto de la adopción, o revisión de los medios de control del trabajo, en el sentido de determinar si los mismos son justificados, idóneos, necesarios y proporcionados para evitar la lesión de derechos fundamentales de los trabajadores (Vid SSTC 186/2000 y 98/2000).

En tal sentido, se ha considerado que la instalación de aparatos de grabación del sonido que recogían las conversaciones entre trabajadores y clientes era una medida contraria al derecho a la intimidad y,

---

60 STSJ Catalunya 18 octubre 2002, rec. 3989/2002.

61 STSJ de Extremadura núm. 566/1997 de 15 septiembre, rec. 501/1997.

por tanto, nula[62], por resultar desproporcionada e implicar demasiado sacrificio del derecho a la intimidad para cumplir un fin que no lo precisa, cual era dar un plus de seguridad, especialmente ante eventuales reclamaciones de los clientes.

En cuanto al control de uso de medios informáticos propiedad de la empresa usados por el trabajador, la STS de 26 de septiembre de 2007, rec. 966/2006, ha establecido una serie de premisas que sintetizamos[63]:

1. La empresa de acuerdo con las exigencias de buena fe establece previamente las reglas de uso de esos medios –con aplicación de prohibiciones absolutas o parciales– e informar a los trabajadores de que va existir control y de los medios que han de aplicarse en orden a comprobar la corrección de los usos, así como de las medidas que han de adoptarse en su caso para garantizar la efectiva utilización laboral del medio cuando sea preciso, sin perjuicio de la posible aplicación de otras medidas de carácter preventivo, como la exclusión de determinadas conexiones.

2. Si el medio se utiliza para usos privados en contra de estas prohibiciones y con conocimiento de los controles y medidas aplicables, no podrá entenderse que, al realizarse el control, se ha vulnerado «una expectativa razonable de intimidad» en los términos que establecen las sentencias del Tribunal Europeo de Derechos Humanos de 25 de junio de 1997 (TEDH 1997, 37) (caso Halford) y 3 de abril de 2007 (TEDH 2007, 23) (caso Copland) para valorar la existencia de una lesión del artículo 8 del Convenio Europeo para la protección de los derechos humanos.

3. Las comunicaciones telefónicas y el correo electrónico están incluidos en este ámbito con la protección adicional que deriva de la garantía constitucional del secreto de las comunicaciones. La garantía de la intimidad también se extiende a los archivos personales del trabajador que se encuentran en el ordenador.

---

62 STC 98/2000. En resumen, la implantación del sistema de audición y grabación no ha sido en este caso conforme con los principios de proporcionalidad e intervención mínima que rigen la modulación de los derechos fundamentales por los requerimientos propios del interés de la organización empresarial, pues la finalidad que se persigue (dar un plus de seguridad, especialmente ante eventuales reclamaciones de los clientes) resulta desproporcionada para el sacrificio que implica del derecho a la intimidad de los trabajadores (e incluso de los clientes del casino). Este sistema permite captar comentarios privados, tanto de los clientes como de los trabajadores del casino, comentarios ajenos por completo al interés empresarial y por tanto irrelevantes desde la perspectiva de control de las obligaciones laborales...

63 Véase sobre el mismo tema STS de 8 de marzo de 2011, rec. 1826/2010. La doctrina mantenida en estas sentencias ha sido matizada restrictivamente por la STS de 6 de octubre de 2011, sala general, rec. 4053/2010.

4. Dentro de los archivos personales se encuentran los archivos temporales que son copias que se guardan automáticamente en el disco duro de los lugares visitados a través de Internet. Estos archivos entran dentro de la protección de la intimidad, sin perjuicio de lo ya dicho sobre las advertencias de la empresa. Así lo establece la sentencia de 3 de abril de 2007 TEDH cuando señala que están incluidos en la protección del artículo 8 del Convenio Europeo de derechos humanos «la información derivada del seguimiento del uso personal de Internet» y es que esos archivos pueden contener datos sensibles en orden a la intimidad, en la medida que pueden incorporar informaciones reveladores sobre determinados aspectos de la vida privada (ideología, orientación sexual, aficiones personales, etc.). Tampoco es obstáculo para la protección de la intimidad el que el ordenador no tuviera clave de acceso. Este dato –unido a la localización del ordenador en un despacho sin llave– no supone por sí mismo una aceptación por parte del trabajador de un acceso abierto a la información contenida en su ordenador, aunque ello suscite otros problemas en los que en este recurso no cabe entrar sobre la dificultad de la atribución de la autoría al demandante.

En este punto hay que destacar que en STS de 5 de diciembre de 2003 (rec. 52/2003) en relación a las empresas de telemárketing telefónico, se aceptó la legalidad de un control empresarial consistente en la audición y grabación aleatorias de las conversaciones telefónicas entre los trabajadores y los clientes. El control sería aceptable de establecerse "para corregir los defectos de técnica comercial y disponer lo necesario para ello"[64].

3. EXPEDIENTES A REPRESENTANTES DE LOS TRABAJADORES O DELEGADOS SINDICALES

El art. 68.1 a) ET dispone como garantía la apertura de expediente contradictorio en el supuesto de sanciones por faltas graves o muy graves, en el que serán oídos, aparte del interesado, el comité de empresa o restantes delegados de personal.

Esta garantía se extiende a los delegados sindicales que no forman parte del comité de empresa, por el art. 10.3.1 LOLS[65]. Así mismo, conforme al art. 37 LRJS esta misma garantía es aplicable a los delegados

[64] STSJ Catalunya núm. 4573/2008 de 3 junio, rec. 2818/2008.

[65] Respecto de los delegados sindicales esta equiparación tiene su ratio essendi en el Convenio nº 135 de la OIT, relativo a la protección y facilidades que deben otorgarse a los representantes de los trabajadores en la empresa, que equipara a los representantes sindicales y los unitarios en cuanto a garantías (vid arts.1 y 3 Convenio OIT nº 135).

de prevención que si bien se designan por y entre los representantes de los trabajadores, pueden existir supuestos en que el delegado de prevención no sea representante de los trabajadores; por ejemplo, por haber concluido su mandato como tal y no haberse designado nuevos delegados de prevención por el comité o delegados electos.

Estos preceptos hay que concordarlos, en los casos de despido, con el art. 55.1 ET que establece que cuando el trabajador fuera representante legal de los trabajadores o delegado sindical procederá la apertura de expediente contradictorio, en el que serán oídos, además del interesado, los restantes miembros de la representación a que perteneciere, si los hubiese.

Esta garantía se completa, desde el plano procesal por el art. 104.c) LRJS, que exige que se haga constar en la demanda por despido si el trabajador ostenta, o ha ostentado en el año anterior al despido, la cualidad de representante legal o sindical de los trabajadores, así como cualquier otra circunstancia relevante para la declaración de nulidad o improcedencia o para la titularidad de la opción derivada, en su caso. Tal requisito de la demanda tiene su correlato, por congruencia, en sede de hechos probados (art. 107 LRJS). Por otro lado, el art. 106.2 dispone que en los despidos de miembros de comité de empresa, delegados de personal o delegados sindicales habrá de aportarse por la demandada el expediente contradictorio legalmente exigido.

En el caso de sanciones, la consecuencia de la omisión del trámite del expediente previo y audiencia a los restantes miembros del órgano de representación de que se trate conlleva, conforme al art. 115.2 LRJS la nulidad de la sanción por falta grave o muy grave.

La consecuencia de la falta de expediente contradictorio o de audiencia del comité en dicho expediente ha de ser forzosamente la improcedencia del despido, conforme al art. 55.1, 55.4 ET, y art. 108.1 LRJS. Esta declaración de improcedencia se acompaña de la atribución al representante de los trabajadores o delegado sindical del derecho a optar entre indemnización y readmisión que se define en el art. 56.4 ET que establece que si el despedido fuera un representante legal de los trabajadores o un delegado sindical, la opción corresponderá siempre a éste. De no efectuar la opción, se entenderá que lo hace por la readmisión. Cuando la opción, expresa o presunta, sea en favor de la readmisión, ésta será obligada. Tanto si opta por la indemnización como si lo hace por la readmisión, tendrá derecho a los salarios de tramitación.

Para terminar, la improcedencia del despido por este motivo no impide ni obsta que existan y se aduzcan motivos discriminatorios por razones sindicales que han de conllevar la nulidad de la decisión extintiva (art. 55.5 y 17.1 ET).

3.1. ÁMBITO SUBJETIVO

La necesidad de expediente contradictorio y audiencia previa al resto de miembros de la representación unitaria o sindical se extiende a los candidatos proclamados para la elección en tanto que dure el período electoral y hasta que éste termine[66].

Se ha entendido que la garantía se extiende a los representantes legales o sindicales que se hallen en excedencia por cuidado de hijos[67].

En caso de delegados de personal hay que oír a cada uno de ellos, en caso de comité de empresa la audiencia se canaliza a través de su presidente[68].

La garantía no ampara a los suplentes una vez concluso el período electoral[69].

No se extiende la garantía, por lógica, al delegado de personal en caso de que sólo haya uno en la empresa[70].

No se extiende a los meros afiliados, como ya hemos comentado con anterioridad, ni a los representantes de secciones sindicales en empresas con menos de 250 trabajadores.

3.2. ÁMBITO OBJETIVO

En primer lugar, sólo abarca los despidos y sanciones por faltas graves o muy graves, por lo que se excluyen las leves, salvo mejora por convenio.

---

66 STC 38/1981 de 23 de noviembre; STS de 19 de junio de 1999, RJ 1989/810 o STSJ Catalunya núm. 3679/1994, de 21 de junio de 1994.

67 STSJ País Vasco 11 de abril de 2006, rec. 334/2006.

68 STS 25 enero 1990, RJ 1990/213.

69 STS 15 marzo 1993 (rec. 2788/1991) «concluido este proceso, ni el art. 68 del Estatuto mencionado, ni el Convenio Internacional núm. 135 de la Organización Internacional del Trabajo (OIT), ni la Recomendación núm. 143 de este Organismo autorizan extender indefinidamente aquella garantía a todos los que en su momento fueron candidatos que, teóricamente, pueden serlo todos los trabajadores de la empresa». Carece, pues, de apoyo legal hacer extensiva dicha garantía a los suplentes de las candidaturas o, más concretamente, al primer suplente de las mismas, una vez finado el proceso electoral.

70 STS 6 de julio de 1990, RJ 1990/6069.

La garantía no se extiende a otras formas de extinción distinta del despido disciplinario[71].

3.3. FORMA

El expediente exige la audiencia del interesado y del resto de trabajadores integrantes de la representación sin que sea preciso que éstos emitan informe[72].

La falta de emisión de informe no puede suponer la nulidad de la sanción, puesto que no puede dejarse al arbitrio de la representación legal o sindical la finalización del expediente[73].

Al contrario, no basta la mera notificación de apertura de expediente, siendo exigible la comunicación del expediente íntegro o de la propuesta de conclusión del mismo STS 30 de abril de 1991, rec. 1172/1990.

Como requisitos esenciales del expediente podemos citar[74]:

- La audiencia al interesado.

- El conocimiento de los cargos que se le imputan.

- La posibilidad de desvirtuarlos evacuando las pruebas de descargo.

- La audiencia de los otros miembros de la representación de que se trate.

El trámite no se cumple dando conocimiento de la sanción ya impuesta al Sindicato al que perteneciera el delegado sindical[75].

4. INFORME SOBRE EL CALENDARIO LABORAL

La Disposición adicional 3ªa) del Real Decreto 1561/1995 de 21 de septiembre establece que sin perjuicio de las competencias reconocidas a los representantes de los trabajadores en materia de jornada en el ET y en el propio Real Decreto, éstos tendrán derecho a ser consultados por el empresario y emitir informe con carácter previo a la elaboración del calendario laboral a que se refiere el apartado 6 del artículo 34 del Estatuto de los Trabajadores.

---

[71] STS de 11 junio de 1983, RJ 1983/2995.

[72] STS 22 enero 1983, RJ 1983/111.

[73] STS 7 octubre 1986, RJ 1986/5412.

[74] STS de 13 de mayo de 1988, RJ 1988/4980.

[75] STSJ Castilla-La Mancha de 10 de octubre, rec. 639/1995.

4.1. LA ELABORACIÓN DEL CALENDARIO LABORAL ANUAL

En principio, la elaboración del calendario es una facultad-deber que corresponde al empresario como manifestación del poder de dirección[76].

Puede ser pactada pero, en defecto de pacto, es al empresario a quien corresponde su elaboración, aun cuando los representantes de los trabajadores tienen derecho a ser consultados y emitir informe previo (art. 34.6 ET y Disposición adicional 3.1 Real Decreto 1561/1995). Esta facultad empresarial es una manifestación del poder de dirección del empresario (art. 20 ET) y en tanto que tal no es una facultad omnímoda ya que deberá respetar tanto las normas de carácter necesario, fiestas nacionales, locales, así como pactadas en convenio y el conjunto de condiciones que vengan rigiendo la jornada como resultado de acuerdos entre las partes o de una voluntad unilateral de la empresa cuando en este último caso se haya incorporado el acervo contractual de los trabajadores.

Si el nuevo calendario introduce modificaciones sustanciales con respecto al del año anterior, es imperativo aplicar el procedimiento del art. 41 ET[77] [78].

4.2. EL CONTENIDO DEL CALENDARIO

Ha de contener días de trabajo del año, días de descanso, fiestas y otras jornadas en las que no se trabaja, así como el número de horas de trabajo ordinario que corresponde a cada jornada laboral[79].

También deberá incluir el período vacacional cuando se trate de vacaciones colectivas o vacaciones conjuntas de todo el personal[80].

El horario de trabajo para todos o sólo para algunos trabajadores determinados no es de obligada inclusión en el calendario, salvo que se imponga por convenio colectivo[81].

Tampoco es de obligada inclusión las fechas de disfrute del descanso compensatorio por trabajos en domingos o festivos[82].

---

76 STS de 24 de enero de 3003, rec. 175/2001.

77 STS de 8 de junio de 1994, rec. 27/1993; 24 de enero de 2003 y de 16 junio de 2005, rec. 118/2004.

78 STSJ Galicia núm. 78/2011 de 21 diciembre, rec. 3054/2010.

79 STJ Catalunya de 13 de noviembre de 2003, rec. 114/2000.

80 STS de 3 de mayo de 1994.

81 STS de 14 de febrero de 2007, rec. 93/2006.

82 STSJ Galicia de 24 de septiembre de 1999, rec. 3471/1999.

Por otro lado, como recuerda el TSJ de Castilla La Mancha en sentencia de 15 de septiembre de 2009 (rec. 782/2009), es claro el diferente régimen que los artículos 34.6 y 38.2 del ET reservan para la elaboración del calendario laboral y para la fijación del disfrute de los periodos vacacionales respectivamente, ya que mientras el primero se confecciona directamente por el empresario, la fijación de las fechas vacacionales requiere de acuerdo entre el empresario y el trabajador afectado.

4.3. LÍMITES

Como claro límite a la elaboración del calendario ya hemos apuntado que destaca la modificación sustancial de las condiciones de trabajo, puesto que el art. 34.6 ET atribuye al empresario la facultad de elaborar el calendario laboral, pero este derecho no permite a la empresa aprovechar el calendario para introducir alteraciones del horario y jornada de trabajo que constituyan modificaciones sustanciales de las condiciones de trabajo en los términos del art. 41 ET, y no es infrecuente la práctica empresarial consistente en aprovechar la elaboración del calendario anual para introducir de forma unilateral variaciones de jornada que, en muchas ocasiones, constituyen auténticas modificaciones sustanciales de las condiciones de trabajo, sin respetar por lo tanto las vías establecidas al efecto en el precitado precepto legal[83].

En período de consultas existe un deber de negociar de buena fe con el fin de llegar a un acuerdo, pero no existe el deber de alcanzar acuerdos[84].

El informe debe tener carácter previo a la elaboración del calendario, pues lo contrario vicia de nulidad el calendario[85].

4.4. CONSECUENCIAS DE LA FALTA DE CONSULTA E INFORME

En relación a las consecuencias de la omisión de los trámites de consulta y solicitud de informe previo a la elaboración del calendario el TS, en sentencia de 17 de mayo de 2011, rec. 147/2010, confirma la anulación del calendario elaborado unilateralmente prescindiendo de la solicitud de informe a los representantes de los trabajadores.

[83] STSJ Catalunya de 5 mayo, rec. 9564/2004.

[84] STSJ Catalunya de 11 diciembre, rec. 282/2007.

[85] STSJ País Vasco de 8 febrero, rec. 2835/2010.

5. TRABAJOS DE SUPERIOR CATEGORÍA

El art. 39.4 ET dispone que en el caso de encomienda de funciones superiores a las del grupo profesional por un período superior a seis meses durante un año u ocho durante dos años, el trabajador podrá reclamar el ascenso, si a ello no obsta lo dispuesto en convenio colectivo o, en todo caso, la cobertura de la vacante correspondiente a las funciones por él realizadas conforme a las reglas en materia de ascensos aplicables en la empresa, sin perjuicio de reclamar la diferencia salarial correspondiente. Estas acciones serán acumulables. Contra la negativa de la empresa, y previo informe del comité o, en su caso, de los delegados de personal, el trabajador podrá reclamar ante la jurisdicción social. Mediante la negociación colectiva se podrán establecer períodos distintos de los expresados en este artículo a efectos de reclamar la cobertura de vacantes.

Este informe ha de acompañarse a la demanda, conforme al art. 137.1 LRJS, y si no se ha emitido el informe bastará con acreditar su solicitud.

El informe del comité de empresa recibe en este caso el tratamiento jurídico de un requisito de admisión de la demanda, siendo la omisión del acompañamiento de dicho informe a la demanda un requisito subsanable, conforme al art. 81 LRJS, para lo que se tendrá un plazo de 4 días.

El sistema de clasificación profesional ha sufrido una profunda modificación, operada por la Ley 3/2012, que no obstante ha mantenido la necesidad de informe del comité, sin embargo acotado a menos supuestos, como es lógico al suprimirse las categorías profesionales.

Así las cosas, cabe destacar las siguientes novedades en el sistema de clasificación profesional:

- Se suprime la categoría profesional en el sistema de clasificación, quedando limitada la clasificación a los grupos profesionales, por lo que se amplía enormemente la movilidad funcional.

- El grupo profesional sigue siendo el que agrupa unitariamente las aptitudes profesionales, titulaciones y contenido general de la prestación, y, además, puede –no debe– incluir tareas, funciones, especialidades profesionales o responsabilidades, mientras que antes podía comprender categorías, funciones o especialidades.

- Se suprime el concepto de categorías profesionales equivalentes y desaparecen los niveles como criterio de clasificación.

- Se produce una asignación inicial con el contrato de trabajo a un grupo profesional y no como antes a la categoría, grupo o nivel retributivo.

- Se aumenta la movilidad funcional, puesto que al suprimir las categorías y niveles, el contenido de la prestación laboral consiste ahora en todas las funciones del grupo o solo algunas en función de la asignación inicial.

La polivalencia funcional se amplía mucho, pues pasa de la asignación de funciones de diversas categorías a las funciones de más de un grupo. Además se establece como criterio para asignación de uno u otro grupo en caso de polivalencia el tiempo de realización de las funciones.

En definitiva, se pasa de un criterio de polivalencia intra grupal a uno más amplio, inter grupal, y se cambia el criterio de la prevalencia por el del tiempo, con independencia de la importancia o la calidad de las funciones, lo cuál puede arrojar considerables problemas en la práctica, puesto que la asignación prevalente en el tiempo puede variar una vez formalizado el contrato, en el que previsiblemente la equiparación por "el tiempo de realización de funciones" lo será al grupo inferior, por claras razones económicas.

Todo ello, una vez más, aumenta la importancia de los derechos de información y audiencia.

Capítulo XII

DERECHO DE CONSULTA

La definición del derecho de consulta, su naturaleza y características son cuestiones que ya hemos abordado en el capítulo II. Baste ahora recordar que entendemos por consulta el intercambio de opiniones y la apertura de un diálogo entre el empresario y el comité de empresa sobre una cuestión determinada, incluyendo, en su caso, la emisión de informe previo por parte del mismo (art. 64.1 ET). La consulta comportará, a menudo, el deber de negociar y el deber de hacerlo de buena fe.

La consulta, dentro de los diferentes modos de participación (información, audiencia...), es el más completo y garantista, por lo que cuando existan diversas normas que supongan una aparente concurrencia de información y consulta habrá de prevalecer ésta, que presupone y comprende aquélla.

Hechas estas consideraciones, ahora abordaremos los supuestos más relevantes de períodos de consultas que, como podremos comprobar, se reservan por el legislador para los casos de decisiones más trascendentes en la vida empresarial, que afectan de forma colectiva a los trabajadores y que implican consecuencias trascendentales para sus contratos de trabajo o para las condiciones en que se realiza la prestación laboral.

1. DESPIDOS COLECTIVOS

1.1. MARCO COMUNITARIO[86]

Entender el régimen jurídico interno de los derechos de información y consulta de los representantes de los trabajadores en supuestos de

86 NAVARRO NIETO, F. y AAVV, *Manual de Derecho Social de la Unión Europea*. Tecnos, 2011; pp. 313-321.

despido colectivo no es posible sin hacer una breve referencia a la normativa comunitaria de la que trae causa.

Tal normativa comunitaria viene representada, fundamentalmente, por la Directiva 98/59, de 20 de julio, que tiene normas propias, específicas y más concretas en la materia que las previstas en la Directiva marco de información y consulta 2002/14.

Por tanto, la relación de la Directiva 98/59 con la Directiva 2002/14 es de *lex especialis*, como así lo establece el art. 9 de la Directiva 2002/14[87], y la Directiva 2002/14, en tanto que marco, se aplicará en lo no previsto específicamente por la 98/59.

Por otro lado, la normativa comunitaria es un suelo mínimo, que puede ser mejorado para los trabajadores, pero no empeorado por el derecho interno (vid art. 5 Directiva 98/59).

Sentadas tales premisas en el marco comunitario, el derecho de información, documentación y consulta que se detalla en el art. 2 de la citada Directiva 98/59 está dirigido a que se logre un acuerdo entre empresario y representantes de los trabajadores, por lo que estamos ante una auténtica negociación colectiva (STJCE 2005/31, de 27 de enero, Asunto C-188/2003).

Con el propósito de asegurar tal finalidad, es obligación de los Estados miembros establecer un sistema de sanciones eficaz para los supuestos en que se desconozcan los derechos de información y consulta de los representantes de los trabajadores. En este sentido el TJCE ha reiterado que los Estados miembros, aunque conservan una facultad discrecional en cuanto a la elección de las sanciones, deben velar por que las infracciones de la normativa comunitaria sean sancionadas en condiciones de fondo y de procedimiento análogas a las aplicables a las infracciones del Derecho nacional de naturaleza e importancia similares y que, en todo caso, confieran a la sanción un carácter efectivo, proporcionado y disuasivo [véanse, en lo que respecta a los Reglamentos, las Sentencias de 21 septiembre 1989 (TJCE 1990/32) y de 2 octubre 1991 (TJCE 1991/262)].

En este sentido el TJCE consideró no disuasorias y, por tanto, contrarias al Derecho comunitario las indemnizaciones por infracción del derecho de consulta que se descontaban de las recibidas por el trabajador en la medida que éstas superaran aquéllas (vid STJCE 8 junio

[87] Art. 9 Directiva 2002/14 "1. La presente Directiva no afectará a los procedimientos específicos de información y de consulta contemplados en el artículo 2 de la Directiva 98/59/CE y en el artículo 7 de la Directiva 2001/23/CE".

1994; Caso Comisión de las Comunidades Europeas contra Reino Unido e Irlanda TJCE 1994/97).

El período de consultas obliga a iniciar consultas con los representantes de los trabajadores, a tomar en consideración todas las observaciones que formulen dichos representantes, a responder a tales observaciones y, si las rechazan, a indicar los motivos del rechazo, así como a consultar a los representantes de los trabajadores «con el fin de llegar a un acuerdo»[88].

El contenido del período de consultas es un mínimo de derecho comunitario que los Estados miembros han de respetar y cuyo contenido se integra por los siguientes elementos (vid art. 2.3 Directiva 98/59):

- Las posibilidades de evitar o reducir los despidos colectivos.

- Las posibilidades de atenuar sus consecuencias, mediante el recurso a medidas sociales de acompañamiento destinadas, en especial, a la ayuda para la readaptación o la reconversión de los trabajadores despedidos.

El período de consultas ha de ser previo a la toma de la decisión extintiva y, en cualquier caso a la extinción efectiva de las relaciones de trabajo en cuestión, por lo que el preaviso de extinción a los trabajadores sólo puede tener lugar una vez concluso el período de consultas. De no ser así el efecto útil de la obligación de negociación quedaría amenazado si el empresario pudiera extinguir los contratos de trabajo durante el procedimiento o desde su inicio (STJCE 27 de enero de 2005 –Caso Junk–).

En consonancia con la verdadera negociación que ha de transcurrir durante el período de consultas, la Directiva impone al empresario, con el fin de permitir que los representantes de los trabajadores hagan propuestas constructivas, las siguientes obligaciones en materia de derechos de información (art. 2.3):

a) proporcionarles toda la información pertinente y

b) comunicarles, en cualquier caso, por escrito:

  i) los motivos del proyecto de despido;

  ii) el número y las categorías de los trabajadores que vayan a ser despedidos;

[88] STJCE 8 de junio de 1994 Caso Comisión de las Comunidades Europeas contra Reino Unido de Gran Bretaña e Irlanda del Norte TJCE 1994/96. Apartados 48-51.

iii) el número y las categorías de los trabajadores empleados habitualmente;

iv) el período a lo largo del cual está previsto efectuar los despidos.

Esta información no es necesario que se aporte toda ella al inicio de las consultas, sino que puede estar disponible en diferentes momentos del proceso, por lo que no es preciso demorar el inicio del período de consultas al momento en que se disponga de tal información[89].

Una vez trazadas las líneas clave de la normativa comunitaria en materia de información y consulta en los supuestos de despido colectivo, ya estamos en situación de abordar el estudio del marco jurídico nacional.

1.2. MARCO NACIONAL

La última reforma laboral (Ley 3/2012) ha supuesto una importante modificación del sistema de regulación de empleo.

Las normas fundamentales en cuanto a los despidos colectivos vienen representadas, básicamente, por el art. 51 ET, el art. 124. LRJS y el Real Decreto 801/2011[90].

El período de consultas se contempla en el art. 51.2 ET, y en el art. 11 del Real Decreto 801/2011.

Los ERE de extinción, suspensión de contrato o reducción de jornada que estén en tramitación a 12 de febrero de 2012 se rigen por la DT 10ª Ley 3/2012, y tras la entrada en vigor, los expedientes de regulación de empleo para la extinción o la suspensión de los contratos de trabajo o para la reducción de jornada, resueltos por la Autoridad Laboral y con vigencia en su aplicación a 12 de febrero de 2012 se regirán por la normativa en vigor cuando se dictó la resolución del expediente.

El nuevo procedimiento de conflicto colectivo de despido del art. 124 LRJS se aplica a los despidos iniciados después del 12 de febrero de 2012 (Disposición transitoria décimo primera Ley 3/2012).

---

89 STJCE 2009/263, de 10 de septiembre, asunto C-44/2008, Caso Akavan Erityisalojen Keskusliitto AEK ry y otros contra Fujitsu Siemens Computers Oy,. TJCE 2009/263.

90 Vid. Orden ESS/487/2012, de 8 de marzo, sobre vigencia transitoria de determinados artículos del Reglamento de los procedimientos de regulación de empleo y de actuación administrativa en materia de traslados colectivos, aprobado por Real Decreto 801/2011, de 10 de junio. (BOE nº 62 de 13 de marzo de 2012).

En el tema de los despidos colectivos, las novedades de la Ley 3/2012 más significativas pasan por la redefinición de las causas económicas, técnicas, organizativas o productivas y su distinción con la definición de las mismas causas en los supuestos de movilidad geográfica (art. 40 ET) o modificación sustancial (art. 41 ET), así como en los casos reducción de jornada (art. 47 ET), que el Real Decreto-Ley 3/2012 había obviado definir[91]. Pero la novedad fundamental en esta materia no cabe duda que ha sido la supresión de los expedientes de regulación de empleo. En efecto, la reforma, que da nueva regulación a la extinción colectiva de los contratos de trabajo, pasa de un sistema de autorización administrativa previa y control judicial posterior, que favorecía la negociación entre representantes de los trabajadores y empresario, a un sistema de control judicial con un mero período previo de consultas y un control administrativo posterior de los acuerdos en período de consultas.

No es ocioso evidenciar que en este nuevo marco el período de consultas y las obligaciones de las partes relativas al mismo cobran una importancia capital en la tramitación de los despidos colectivos; tanto es así que el art. 124.11 LRJS asigna la radical consecuencia de la nulidad de los despidos en los casos en que no se haya realizado el período de consultas o entregado la documentación que exige tal precepto. En este sentido, la legislación de una mera indemnización por la omisión del período de consultas o por su existencia meramente formal, sin atender a los fines de negociar de buena fe para llegar a un acuerdo, podrían suponer una falta de efecto útil de la Directiva que conllevara la contravención de la misma (vid. la ya citada STJCE 8 junio 1994; Caso Comisión de las Comunidades Europeas contra Reino Unido e Irlanda).

Una vez situados en el marco normativo nacional del período de consultas en los despidos colectivos, veamos ahora las particularidades del mismo, para lo cual nos referiremos al inicio, la documentación a adjuntar, los sujetos, la duración, el contenido, la sustitución, la finalización, el control de efectividad del período de consultas y la obligación de negociar de buena fe.

1. Inicio: se inicia por el empresario mediante comunicación escrita a los representantes de los trabajadores simultáneamente a la comunicación a la autoridad laboral competente (art. 5.1 Real Decreto 801/2011 y art. 51.2 ET). No hace falta disponer de toda la documentación exigida por el art. 51.2 ET y arts. 6 a 8 Real Decreto 801/2011, para

[91] Vid PRECIADO DOMÈNECH, C.H., *Una primera aproximación al Real Decreto-Ley 3/2012, de reforma laboral*, Editorial Bomarzo, 2012.

iniciar el período de consultas, pero la misma es imprescindible que se facilite a lo largo de ese período y con tiempo suficiente para que los representantes de los trabajadores puedan examinarla y formular propuestas constructivas (vid. la citada STJCE 10 de septiembre de 2009, Caso Akavan).

2. Documentación a adjuntar: el art. 51.2 ET impone tres tipos de documentos:

a) Comunicación de apertura del período de consultas.

b) Memoria explicativa.

c) Documentación anexa.

Intentaremos ahora desgranar el contenido de cada uno de ellos, aunque de forma sintética.

2a. La comunicación de la apertura del período de consultas ha de hacerse mediante escrito dirigido por el empresario a los representantes legales de los trabajadores, una copia del cual se hará llegar, junto con la comunicación, a la autoridad laboral. En dicho escrito se consignarán los siguientes extremos:

- La especificación de las causas del despido colectivo conforme a lo establecido en el art. 51.1 ET.

- Número y clasificación profesional de los trabajadores afectados por el despido.

- Número y clasificación profesional de los trabajadores empleados habitualmente en el último año.

- Periodo previsto para la realización de los despidos.

- Criterios tenidos en cuenta para la designación de los trabajadores afectados por los despidos.

2b. La memoria explicativa de las causas del despido colectivo y de las posibilidades de evitar o reducir los despidos colectivos y de atenuar sus consecuencias mediante el recurso a medidas sociales de acompañamiento, tales como medidas de recolocación o acciones de formación o reciclaje profesional para la mejora de la empleabilidad.

2c. La documentación anexa, dentro de la que podemos distinguir:

- La común a todo despido (art. 8 Real Decreto 801/2011).

- La específica en los despidos por causas económicas (art. 6 Real Decreto 801/2011).

- La específica en caso de despidos por causas técnicas, organizativas o productivas (art. 7 Real Decreto 801/2011).

3. Sujetos: en este punto hay que estar a lo que establecen el art. 51 ET y arts. 3 y 4 del Real Decreto 801/2011.

- Trabajadores (vid art. 4 Real Decreto 801/2011): intervendrán en el período de consultas los representantes de los trabajadores y, en defecto de los mismos la comisión designada conforme al art. 41.4 ET, que se puede integrar de:

  - Máximo 3 trabajadores democráticamente designados, que pueden ser los miembros del comité de un centro de trabajo distinto.
  - Máximo de 3 miembros designados por los sindicatos más representativos y representativos del sector al que pertenece la empresa y que estén legitimados para formar parte de la comisión negociadora del convenio de aplicación a la misma.

Hay que enfatizar que dicha comisión ha de considerarse que tiene legitimación no sólo para negociar, sino también para interponer la demanda de despido colectivo[92], pues de lo contrario no tendría sentido su intervención en la negociación y se atentaría contra la Directiva comunitaria. En este sentido, la ya citada STJCE de 8 de junio de 1994 establece la obligación de los Estados miembros de adoptar todas las medidas oportunas para que sean designados los representantes de los trabajadores con vistas a la información y consulta previas y que tenga lugar una auténtica negociación. Mal podrían efectuarse tales funciones si a esos representantes se les priva del derecho reconocido en el art. 6 de la Directiva 98/59 a disponer de procedimientos administrativos y/o jurisdiccionales con objeto de hacer cumplir las obligaciones establecidas en la Directiva.

En el caso de que el expediente afecte a varios centros de trabajo deberá concretarse si la negociación es global o por centros de trabajo y en cuyo caso, se adoptará para cada centro la decisión que vote la mayoría de los miembros de la comisión correspondiente.

La no constitución de la comisión en el plazo de días a contar desde el inicio del periodo de consultas no impide la continuación del procedimiento.

- Empresario: es el legitimado para negociar en el período de consultas. En los casos de comisión designada en los supuestos de falta de

92 Esta cuestión de su falta de legitimación por no ser "representantes legales", ha sido resuelta en sentido de estimar su legitimación en el proceso del art. 124 LRJS por la STSJ Catalunya 13/2012, de 23 de mayo, procedimiento 10/2012.

representantes legales, y que esté integrada por miembros designados por sindicatos, el empresario puede atribuir su representación a organizaciones empresariales en las que esté integrado. Del art. 6.4 Real Decreto 801/2011 se deduce que en los casos de grupo de empresas quien inicia el período de consultas es la empresa y no el grupo, sin que ello la exima del deber de negociar sobre todo el contenido mínimo que exige la ley en el período de consultas. En este sentido el art. 51.8 ET dispone que "Las obligaciones de información y documentación previstas en el presente artículo se aplicarán con independencia de que la decisión relativa a los despidos colectivos haya sido tomada por el empresario o por la empresa que ejerza el control sobre él. Cualquier justificación del empresario basada en el hecho de que la empresa que tomó la decisión no le ha facilitado la información necesaria no podrá ser tomada en consideración a tal efecto".

4. Duración: el período de consultas no puede ser superior a 30 días naturales, o a 15 en el caso de empresas de menos de 50 trabajadores (art. 51.2 y art. 11.1 Real Decreto 801/2011).

5. Contenido: el contenido del período de consultas es un mínimo de derecho necesario, y tiene que versar sobre una serie de materias. El art. 51.2 ET dispone "La consulta con los representantes legales de los trabajadores deberá versar, como mínimo, sobre las posibilidades de evitar o reducir los despidos colectivos y de atenuar sus consecuencias mediante el recurso a medidas sociales de acompañamiento, tales como medidas de recolocación o acciones de formación o reciclaje profesional para la mejora de la empleabilidad".

Concordando dicho precepto con el art. 11 Real Decreto 801/2011 llegamos a la conclusión de que el contenido mínimo es el siguiente:

a) Causas motivadoras del despido.

b) Posibilidad de evitar o reducir sus efectos.

c) Medidas necesarias para atenuar las consecuencias para los trabajadores afectados.

d) Posibilidad de continuidad y viabilidad del proyecto empresarial.

Intentaremos ahora precisar un poco más el contenido de las consultas, para lo cual el art. 9 del Real Decreto 801/2011, aunque derogado, tiene un notable rendimiento ejemplificativo.

a) Las causas motivadoras: son las causas económicas, técnicas, organizativas o productivas, en el sentido que vienen definidas en el art.

51.1 ET para las empresas privadas y en la Disposición adicional 20ª para el Sector Público.

b) Medidas dirigidas a evitar o reducir los efectos del despido podrán considerarse, entre otras, las siguientes:

- La recolocación interna de los trabajadores dentro de la misma empresa o, en su caso, en otra del grupo de empresas del que forme parte.

- Movilidad funcional de los trabajadores, que se aplicarán conforme a lo establecido en el artículo 39 ET.

- Movilidad geográfica de los trabajadores, que se aplicarán conforme a lo dispuesto en el artículo 40 ET.

- Modificaciones sustanciales de condiciones de trabajo de los trabajadores, que se aplicarán conforme a lo dispuesto en el artículo 41 del ET.

- Acciones de formación o reciclaje profesional de los trabajadores que puedan contribuir a la continuidad del proyecto empresarial.

- Cualquier otra medida organizativa, técnica o de producción dirigida a reducir el número de trabajadores afectados.

c) Medidas para atenuar las consecuencias en los trabajadores afectados:

- Recolocación externa de los trabajadores, que podrá ser realizada a través de empresas de recolocación autorizadas.

- Acciones de formación o reciclaje profesional para la mejora de la empleabilidad de los trabajadores.

- Promoción del empleo por cuenta propia como autónomos o en empresas de economía social.

- Medidas compensatorias de los gastos derivados de la movilidad geográfica.

- Medidas compensatorias de las diferencias salariales con un nuevo empleo.

d) Medidas para hacer posible la continuidad y viabilidad del proyecto empresarial:

- Medidas económicas, financieras, industriales o de otra índole para preservar o favorecer la posición competitiva de la empresa en el mercado.

- Medidas técnicas, organizativas o de producción para contribuir a prevenir una evolución negativa de la empresa o a mejorar su situación a través de una más adecuada organización de los recursos, que favorezca su posición competitiva en el mercado o una mejor respuesta a las exigencias de la demanda.

La escasa doctrina en el momento actual ha considerado que los períodos de consultas meramente formales, sin un contenido real, no cumplen con la exigencia del art. 51.2 ET y, por tanto, suponen la nulidad del despido colectivo. En este sentido la STSJ Madrid 415/2012 de 30 de mayo, acuerda la nulidad por memoria explicativa de causas económicas insuficiente y documentación insuficiente, así como por falta de auténtica negociación, al mantener una posición inamovible y no existir voluntad alguna de negociar.

En parecidos términos se pronuncia la STSJ Catalunya 15/2012, de 13 de junio, procedimiento 11/2010, en la que se acuerda la nulidad de despido colectivo por falta de una negociación con el contenido mínimo de derecho necesario, en un supuesto en que la Administración acude al procedimiento de consultas afirmando que carece de autorización para negociar las medidas para atenuar las consecuencias de los despidos (indemnizaciones), y se limita a informar, facilitando documentos que reclaman los representantes de los trabajadores, sin que existiera contenido negociador alguno en los términos legalmente exigibles.

Para finalizar, la STSJ Catalunya 13/2012, de 23 de mayo, procedimiento 10/2012, aprecia la infracción de los derechos de información por existencia de grupo de empresas y falta de relación de trabajadores afectados, que no se aportaron en el período de consultas.

6. Sustitución: el período de consultas puede ser sustituido en cualquier momento mediante acuerdo del empresario y los representantes de los trabajadores por procedimientos de mediación o arbitraje que resulten de aplicación en el ámbito de la empresa, regulados en los Acuerdos sobre Solución Extrajudicial de Conflictos (ASEC) estatales o autonómicos. No obstante esa mediación o arbitraje, han de desarrollarse dentro del plazo máximo de duración del período de consultas (15 días o 30 para empresas con 50 o más trabajadores) (vid art. 11 Real Decreto 801/2011).

7. Finalización: el período de consultas puede finalizar con acuerdo o sin acuerdo. En el primer caso las consultas han cumplido con la finalidad que les son propias, por lo que podíamos decir que el acuerdo habría de ser el modo jurídicamente normal de conclusión del período

de consultas. En tal caso el empresario ha de comunicar el acuerdo a la autoridad laboral.

Al contrario, en el caso de no alcanzarse un acuerdo, transcurrido el período de consultas el empresario remitirá a los representantes de los trabajadores y a la autoridad laboral la decisión final del despido colectivo que haya adoptado y las condiciones del mismo.

Para terminar, conforme al art. 51.4 ET, comunicada la decisión a los representantes de los trabajadores, el empresario notificará los despidos individualmente a los trabajadores afectados en los términos establecidos en el artículo 53.1 ET. Lo anterior no obstante, deberán haber transcurrido como mínimo 30 días entre la fecha de la comunicación de la apertura del periodo de consultas a la autoridad laboral y la fecha de efectos del despido.

El despido colectivo será impugnable por la vía del art. 124 LRJS en el plazo de caducidad de 20 días desde la comunicación de la decisión a los representantes de los trabajadores y los despidos individuales por la vía de los arts. 121-123 y 124.11 LRJS, en idéntico plazo de caducidad, sin embargo, la Ley 3/2012, establece como novedad respecto del Real Decreto-Ley 3/2012 que la presentación de la demanda por los representantes de los trabajadores o por el empresario suspenderá el plazo de caducidad de la acción individual del despido.

8. Control de efectividad: el legislador ha arbitrado un doble mecanismo para controlar la existencia efectiva del período de consultas:

- Administrativo (art. 51.2 ET): la autoridad laboral velará por la efectividad del periodo de consultas pudiendo remitir, en su caso, advertencias y recomendaciones a las partes que, en ningún caso, supondrán la paralización o la suspensión del procedimiento.

- Judicial: declaración de nulidad ante el incumplimiento de los requisitos del art. 51.2 ET, entre los que se halla el período de consultas con el contenido mínimo que hemos apuntado (vid. art. 124.11 ET). En efecto, aunque la nulidad se reserva por la Ley 3/2012 a los supuestos en que el empresario no haya realizado el período de consultas o entregado la documentación prevista en el artículo 51.2 ET, a diferencia del Real Decreto-Ley 3/2012, en que se establecía la nulidad por el incumplimiento del art. 51.2 ET, la declaración de ser ajustado a derecho el despido se ciñe sólo a los supuestos de cumplimiento de lo previsto en el art. 51.2 ET y entre los supuestos de despido no ajustado a derecho no se contempla el incumplimiento de los requisitos del art. 51.2 ET, por lo que cabe concluir que la consecuencia de su incumplimiento sigue siendo la nulidad (vid art. 124.2 y 124.11 LRJS).

9. Buena fe en la negociación:

Para terminar, no podemos concluir el estudio del período de consultas en los despidos colectivos sin hacer una breve referencia a la doctrina sobre la buena fe en la negociación, que resulta de plena aplicación a estos casos.

La buena fe en el período de consultas deriva de la expresa exigencia del art. 51.2 ET que dispone que durante el periodo de consultas, las partes deberán negociar de buena fe, con vistas a la consecución de un acuerdo.

Veamos ahora las notas esenciales de la doctrina jurisprudencial sobre la buena fe:

a) Deber de coherencia: la buena fe exige a las partes ser consecuentes con sus propias posiciones y no alterarlas sustancialmente de un día para otro (STS 3 de febrero de 1998; rec. 121/1997).

b) La buena fe es contraria a los engaños, maquinaciones fraudulentas, actos violentas sobre personas o cosas durante las deliberaciones (vid art. 89.1.4 ET).

c) La buena fe implica un esfuerzo sincero de aproximación de posiciones (STS 3 de febrero de 1998, rec. 121/1997; 1 de marzo de 2001, rec. 2019/2000, etc).

El abandono injustificado del período de consultas por el empresario es constitutivo de mala fe (STSJ Andalucía de 5 de mayo de 1993, rec. 127/1993).

El silencio de una de las partes ante las propuestas de la otra infringe la buena fe (STSJ Cantabria de 29 de noviembre de 1994, AS 1994/4191).

Infringe la buena fe acudir a la negociación con una única oferta definitiva e irrevocable a falta de cuya aceptación se da por cerrado el proceso negociador (vid STC 107/2000, de 5 de mayo).

d) No basta la apertura del período de consultas y la celebración de reuniones desprovistas de contenido real para entender que concurre buena fe (STC 107/2000 y STSJ Catalunya de 31 de enero de 2003, rec. 7209/2002).

e) La buena fe no obliga a alcanzar acuerdos, ni obliga a negociar indefinidamente hasta alcanzarlos: STS 17 de noviembre de 1998 (rec. 1760/1998 y STS de 22 de mayo de 2006, rec. 79/2005).

f) La buena fe no obliga a reanudar las conversaciones una vez finalizadas, salvo que se plantee una plataforma negociadora novedosa» (STS de 1 de marzo de 2001, rec. 2019/2000 y 30 de septiembre de 1999, rec. 3652/1998, entre otras muchas).

g) La buena fe no obliga a mantener en todo momento las ofertas hechas durante las consultas que no hubieran sido objeto de acuerdo (STS de 19 de junio de 1991, rec. 1397/1990).

h) Se puede estimar infringido el deber de buena fe cuando el empresario después de iniciar el período de consultas con los representantes de los trabajadores acude a las representaciones sindicales, o viceversa (vid STS, Sala 4ª, de 29 de enero de 2004, rec. 8/2003). La negativa a negociar con ciertas representaciones sindicales en detrimento de otras infringe la buena fe (STS 3 de junio de 1999, rec. 3525/1998).

i) La condición de ente público del empleador y su sumisión a la normativa presupuestaria no le exime del deber de negociar de buena fe (STS de 14 de marzo de 2006, rec. 99/2005).

2. TRASLADOS COLECTIVOS

La reforma introducida por la Ley 3/2012, redefine las causas justificativas de los traslados[93].

Así, dispone el art. 40.1 ET, al que se remite el art. 40.2 ET en cuanto a la definición de las causas, que *"El traslado de trabajadores que no hayan sido contratados específicamente para prestar sus servicios en empresas con centros de trabajo móviles o itinerantes a un centro de trabajo distinto de la misma empresa que exija cambios de residencia requerirá la existencia de razones económicas, técnicas, organizativas o de producción que lo justifiquen. Se considerarán tales las que estén relacionadas con la competitividad, productividad u organización técnica o del trabajo en la empresa, así como las contrataciones referidas a la actividad empresarial".*

La definición es tan abierta que es difícil imaginar alguna causa relacionada con la empresa que no pueda tener cabida en la misma, por nimia y coyuntural que sea. Por tanto, habrán de aplicarse criterios de razonabilidad judicial a la hora de controlar la concurrencia de las causas si bien, como es obvio, con menos exigencias que en el caso

93 La Ley 3/2012 no introduce novedades respecto del Real Decreto-Ley 3/2012, con la salvedad de la introducción del art. 40.3ter relativa a las preferencias de los trabajadores con discapacidad.

de los despidos, donde la definición de las causas es más rigurosa que en el caso de los traslados, en particular, y las medidas de flexibilidad interna, en general (vid. art. 41 y art. 47 ET, en relación con el art. 51.1 ET).

En el caso de traslados colectivos, se exige la apertura de un período de consultas no superior a 15 días con los representantes de los trabajadores.

El concepto de traslado colectivo lo hallamos el art. 40.2 ET, entendiéndose por tal cuando afecte a la totalidad del centro de trabajo, siempre que éste ocupe a más de cinco trabajadores, o cuando, sin afectar a la totalidad del centro de trabajo, en un período de noventa días comprenda a un número de trabajadores de, al menos:

a) Diez trabajadores, en las empresas que ocupen menos de cien trabajadores.

b) El 10 por ciento del número de trabajadores de la empresa en aquellas que ocupen entre cien y trescientos trabajadores.

c) Treinta trabajadores en las empresas que ocupen más de trescientos trabajadores.

2.1. SUJETOS DEL PERÍODO DE CONSULTAS

- Trabajadores que actúan a través de:

a) Sus representantes legales.

b) Las secciones sindicales cuando éstas así lo acuerden, siempre que sumen la mayoría de los miembros del comité de empresa o entre los delegados de personal.

c) Comisiones designadas democráticamente cuando no haya representantes legales (vid art. 41.4 ya comentado en el capítulo XII, al que nos remitimos).

- Empresario: actúa por sí mismo o bien, en el supuesto de que la negociación se realice con la comisión cuyos miembros sean designados por los sindicatos, el empresario podrá atribuir su representación a las organizaciones empresariales en las que estuviera integrado, pudiendo ser las mismas más representativas a nivel autonómico, y con independencia de la organización en la que esté integrado tenga carácter intersectorial o sectorial.

2.2. CONTENIDO DEL PERÍODO DE CONSULTAS

Se establece en el art. 40.2 ET, entendemos que con el carácter de mínimo de derecho necesario, el siguiente contenido:

- Causas motivadoras de la decisión empresarial.

- Posibilidad de evitar o reducir sus efectos.

- Medidas necesarias para atenuar sus consecuencias para los trabajadores afectados.

Deber de negociar de buena fe con vistas a alcanzar un acuerdo[94].

- Posibilidad de sustituir el período de consultas por mediación o arbitraje, al igual que ocurre en el caso de los despidos colectivos.

2.3. FINALIZACIÓN DEL PERÍODO DE CONSULTAS

La conclusión del periodo de consultas puede producirse con acuerdo o sin él.

En caso de acuerdo el empresario notificará, conforme al art. 40.1, con una antelación mínima de 30 días el acuerdo a los trabajadores, que conservan el derecho a optar entre el traslado, percibiendo una compensación por gastos, o la extinción de su contrato, percibiendo una indemnización de 20 días de salario por año de servicio, prorrateándose por meses los períodos de tiempo inferiores a un año y con un máximo de doce mensualidades. La compensación a que se refiere el primer supuesto comprenderá tanto los gastos propios como los de los familiares a su cargo, en los términos que se convengan entre las partes, que nunca será inferior a los límites mínimos establecidos en los convenios colectivos.

En caso de falta de acuerdo el empresario notificará a los trabajadores su decisión sobre el traslado, con una antelación mínima de 30 días.

2.4. IMPUGNACIÓN DE LA DECISIÓN EMPRESARIAL

Contra las decisiones del empresario se podrá reclamar en conflicto colectivo, sin perjuicio de la acción individual de los trabajadores. La interposición del conflicto paralizará la tramitación de las acciones individuales iniciadas, hasta su resolución (vid art. 153 y ss LRJS).

---

94 Sobre la buena fe, véase lo comentado más arriba en el capítulo XII relativo a la buena fe en la negociación.

3. MODIFICACIÓN SUSTANCIAL DE LAS CONDICIONES DE TRABAJO COLECTIVAS

La Ley 3/2012 y la nueva LRJS han incidido notablemente en la modificación sustancial de las condiciones de trabajo.

En relación al período de consultas (art. 41.4 ET), en lo que se refiere a su duración (no superior a 15 días), los sujetos intervinientes, el contenido, la posibilidad de sustituirlo por mediación o arbitraje, la obligación de negociar de buena fe y su finalización, podemos remitirnos a lo ya comentado en el capítulo anterior sobre traslados colectivos, pues existe coincidencia en lo esencial.

Dicho ello, podemos sintetizar las novedades como sigue:

La nueva distinción entre modificaciones de carácter individual y colectivo viene dada sólo por los umbrales de número de trabajadores afectados en relación a la plantilla en períodos de 90 días y se mantiene la garantía antifraude declarando la nulidad de las modificaciones sustanciales de carácter individual operadas en períodos sucesivos de 90 días que superen los umbrales con objeto de eludir el procedimiento de las modificaciones sustanciales de carácter colectivo. El período de consultas se da sólo en las de carácter colectivo.

La antigua distinción entre las modificaciones individuales y colectivas por razón de la fuente (contractual -convencional), cobra ahora un nuevo significado pues las modificaciones sustanciales, sean individuales o colectivas, hacen referencia a las condiciones reconocidas a los trabajadores en el contrato de trabajo, en acuerdos o pactos colectivos o disfrutadas por éstos en virtud de una decisión unilateral del empresario de efectos colectivos. Por otro lado, el art. 41.6 ET se remite al procedimiento de inaplicación de convenio colectivo para los supuestos de modificación de condiciones reconocidas por un convenio estatutario (vid art. 82.3 ET).

Al igual que ocurre con la movilidad geográfica el legislador amplía el arbitrio empresarial en materia de modificación sustancial:

- En primer lugar ampliando el ámbito de justificación de la modificación sustancial.

- En segundo lugar, suprimiendo las categorías profesionales y los niveles, y estableciendo una movilidad funcional intra grupal y bidireccional que amplía notoriamente el campo de juego del *ius variandi*.

- En tercer lugar, añadiendo la cuantía salarial al ámbito de la modificación sustancial.

- En cuarto lugar, se pueden modificar las condiciones sustanciales reconocidas en el contrato de trabajo, en acuerdos o pactos colectivos o disfrutadas por trabajadores en virtud de una decisión unilateral del empresario de efectos colectivos por la vía del art. 41(período de consultas y decisión empresarial impugnable ante la jurisdicción social); mientras que las condiciones previstas en el convenio colectivo aplicable, sea este de sector o de empresa, pasan a modificarse por la vía del art. 82.3 (período de consultas, sumisión a comisión paritaria u otros órganos, sumisión a la Comisión Consultiva Nacional de Convenios Colectivos que resuelve o somete a arbitraje obligatorio).

Desde la óptica procesal, hemos de destacar que la modificación sustancial de las condiciones de trabajo abre dos vías:

1) Para los trabajadores afectados: art. 138 LRJS, con caducidad de 20 días y con independencia de que se haya respetado o no el período de consultas, modificándose así la antigua doctrina del TS (entre otras STS de 10 de abril de 2000 (rcud. 2646).

Estas demandas individuales se suspenderán hasta la resolución de la demanda de conflicto colectivo que pueda haberse interpuesto, y una vez firme la sentencia tendrá eficacia de cosa juzgada sobre el proceso individual.

2) Para los representantes de los trabajadores: art. 153 LRJS: conflicto colectivo.

4. REDUCCIONES DE JORNADA Y SUSPENSIONES DE CONTRATOS DE TRABAJO

El art. 47 ET en la redacción dada por la Ley 3/2012[95] regula las reducciones de jornada y suspensiones de contratos de trabajo por causas económicas, técnicas, organizativas o productivas y establece una particularidad en relación al período de consultas pues el mismo debe abrirse con independencia del número de trabajadores en la empresa y del número de trabajadores afectados, a diferencia de lo que acontece con otras medidas de flexibilidad interna (art. 40 y art. 41) en que se reservan las consultas a los supuestos de afectación colectiva. Sin embargo, sólo hay acción de conflicto colectivo en los supuestos en que la medida sea colectiva conforme a los umbrales previstos en el art. 51.1 ET.

[95] La Ley 3/2012 suple la omisión del Real Decreto-Ley 3/2012 y define las causas económicas, técnicas, organizativas o productivas en el mismo sentido que el art. 82.3 ET en los supuestos de inaplicación del convenio colectivo.

En este sentido, el art. 47.1 ET dispone que el empresario podrá suspender el contrato de trabajo por causas económicas, técnicas, organizativas o de producción, que ahora la Ley 3/2012 define en idénticos términos que los supuestos de inaplicación de convenio del art. 83.2 ET, distinguiéndose así de las genéricas definiciones que contemplan los arts. 40 y 41 ET.

El art. 47.2 ET establece que la jornada de trabajo podrá reducirse por causas económicas, técnicas, organizativas o de producción. A estos efectos, se entenderá por reducción de jornada la disminución temporal de entre un 10 y un 70 por ciento de la jornada de trabajo computada sobre la base de una jornada diaria, semanal, mensual o anual. Durante el período de reducción de jornada no podrán realizarse horas extraordinarias salvo fuerza mayor.

En ambos casos el procedimiento a seguir es el mismo y será aplicable cualquiera que sea el número de trabajadores de la empresa y del número de afectados por la suspensión; se iniciará mediante comunicación a la autoridad laboral competente y la apertura simultánea de un periodo de consultas con los representantes legales de los trabajadores de duración no superior a quince días.

El precepto se refiere a la posibilidad de la comisión *ad hoc* constituida conforme al art. 41.4 ET en caso de falta de representación legal de los trabajadores.

En cuanto al contenido del período de consultas, nada dice el art. 47 ET, sin embargo no es difícil entender que por analogía con el art. 40.2 y 41.4 ET versará sobre las causas motivadoras de la decisión empresarial y la posibilidad de evitar o reducir sus efectos, así como sobre las medidas necesarias para atenuar sus consecuencias para los trabajadores afectados, conclusión que viene avalada por el art. 23 del Real Decreto 801/2011, que refleja dicho contenido del período de consultas.

El citado precepto establece que la consulta deberá versar sobre las causas motivadoras del expediente y la posibilidad de evitar o reducir sus efectos, así como sobre las medidas necesarias para atenuar sus consecuencias para los trabajadores afectados y para posibilitar la continuidad y viabilidad del proyecto empresarial.

Durante las suspensiones de contratos de trabajo o las reducciones de jornada se promoverá el desarrollo de acciones formativas vinculadas a la actividad profesional de los trabajadores afectados cuyo objeto sea aumentar la polivalencia o incrementar su empleabilidad.

Entendemos, aunque nada diga el legislador, que el período de consultas debe estar presidido por la buena fe y tener por finalidad la adopción de un acuerdo.

En cuanto a la finalización del período de consultas, ésta se puede producir con o sin acuerdo.

- Finalización con acuerdo

Se presumirá que concurren las causas justificativas y sólo podrá ser impugnado ante la jurisdicción competente por la existencia de fraude, dolo, coacción o abuso de derecho en su conclusión. También podrá ser impugnado el acuerdo por la autoridad laboral a petición de la entidad gestora de la prestación por desempleo cuando el acuerdo pudiera tener por objeto la obtención indebida de las prestaciones por parte de los trabajadores afectados por inexistencia de la causa motivadora de la situación legal de desempleo.

- Finalización sin acuerdo

El empresario notificará a los trabajadores y a la autoridad laboral su decisión sobre la suspensión. La autoridad laboral comunicará la decisión empresarial a la entidad gestora de la prestación de desempleo, fecha a partir del cual surtirá efectos la decisión empresarial sobre la suspensión de los contratos, salvo que en ella se contemple una posterior.

Contra las decisiones del empresario podrá reclamar el trabajador ante la jurisdicción social que declarará la medida justificada o injustificada.

Cuando la decisión empresarial afecte a un número de trabajadores igual o superior a los umbrales previstos en el apartado 1 del artículo 51 ET se podrá reclamar en conflicto colectivo, sin perjuicio de la acción individual. La interposición del conflicto colectivo paralizará la tramitación de las acciones individuales iniciadas, hasta su resolución.

5. SUCESIÓN DE EMPRESA

La sucesión de empresas consiste en el cambio de titularidad de una empresa, centro de trabajo o unidad productiva de la misma, siempre que la transmisión afecte a una entidad económica que mantenga su identidad, entendida como un conjunto de medios organizados a fin de llevar a cabo una actividad económica, esencial o accesoria (art. 44.1 y 2 ET).

En este contexto los representantes de los trabajadores de la empresa cedente y de la cesionaria tienen, entre otros derechos que aquí obviaremos[96], los derechos de información y consulta que se contemplan en el art. 44.6 a 44.10 ET, que resultan ser una trasposición de la Directiva 2001/23, de 12 de marzo, concretamente de su art. 7, en el que se contemplan los derechos de información y consulta de los representantes de los trabajadores. Por razones sistemáticas trataremos conjuntamente los derechos de información y los de consulta, aunque los segundos, como veremos, se dan siempre en los casos en que hay derecho a la información, no ocurre lo inverso; es decir, el derecho de consulta sólo se da en ciertos casos en que hay derecho a la información, por tanto, la información puede aparecer como derecho independiente, pero la consulta siempre va acompañada, como es lógico de la información.

En relación al contenido de la información, conforme al art. 44.6 ET (vid art. 7.2 Directiva 2001/23), el cedente y el cesionario deberán informar a los representantes legales de sus trabajadores respectivos afectados por el cambio de titularidad de los siguientes extremos:

a) Fecha prevista de la transmisión;

b) Motivos de la transmisión;

c) Consecuencias jurídicas, económicas y sociales, para los trabajadores, de la transmisión, y

d) Medidas previstas respecto de los trabajadores.

En cuanto a la forma y momento de la información (art. 44.8 ET y art. 7.1 Directiva 2001/23):

- El cedente vendrá obligado a facilitar la información mencionada en los apartados anteriores con la suficiente antelación, antes de la realización de la transmisión.

El cesionario estará obligado a comunicar estas informaciones con la suficiente antelación y, en todo caso, antes de que sus trabajadores se vean afectados en sus condiciones de empleo y de trabajo por la transmisión.

En los supuestos de fusión y escisión de sociedades, el cedente y el cesionario habrán de proporcionar la indicada información, en todo

[96] Los representantes gozan de garantía de mantenimiento de su mandato tras la transmisión, en el caso de que la empresa, el centro de trabajo o la unidad productiva objeto de la transmisión conserve su autonomía, supuesto en que seguirán ejerciendo sus funciones en los mismos términos y bajo las mismas condiciones que regían con anterioridad (art. 44.5 ET en relación con el art. 6 Directiva 2001/23).

caso, al tiempo de publicarse la convocatoria de las juntas generales que han de adoptar los respectivos acuerdos.

Vistos los supuestos de obligación de proporcionar información, con el contenido y forma expuestos, hay que remarcar que sólo en algunos casos, además de tal información, los empresarios están obligados a abrir un período de consultas, que son cuando prevean adoptar, con motivo de la transmisión, medidas laborales en relación con sus trabajadores. En los casos de que dichas medidas laborales consistan en traslados o modificación sustancial de las condiciones de trabajo, el art. 44.9 se remite a los trámites previstos para la adopción de tales medidas colectivas en los arts. 40 y 41 ET.

Para que surja el deber de iniciar el período de consultas las medidas laborales adoptadas deben estar en relación de causalidad con la transmisión, como ha declarado la doctrina, entre otras, STSJ Cataluña de 18 de noviembre de 2009 (rec. 4238/2009).

En cuanto al período de consultas, la Directiva no exige que se llegue a un acuerdo, sin embargo ello no significa que el período de consultas sea una mera formalidad; al contrario, en el mismo se impone a las partes el deber de negociar de buena fe con el fin de alcanzar un acuerdo (vid art. 7.2 Directiva 2001/23). En este sentido, el TJCE ha declarado que la normativa inglesa contradecía la directiva al no reconocer que la consulta con los representantes de los trabajadores tiene por finalidad llegar a un acuerdo[97].

En cuanto a las sanciones por la omisión del deber de información y/o consulta, el TJCE tiene establecido (STJCE 8 de junio de 1994 ya citada) que los Estados miembros deben establecer sanciones eficaces para el caso de que el empresario incumpla sus obligaciones de información y consulta con los representantes de los trabajadores.

En nuestra doctrina judicial se ha declarado que la omisión de los deberes de información y consulta en casos de sucesión de empresas no vician de nulidad la subrogación contractual, pero sí determinan la nulidad de las medidas laborales adoptadas (por ejemplo traslados o modificaciones sustanciales de las condiciones de trabajo)[98].

Por su parte la SAN de 25 abril de 2002 (proceso 215/2001), contempla un supuesto en que la empresa no cumplió con el deber de proporcionar la información al tiempo de publicarse la convocatoria de las

---

[97] STJCE de 8 de junio de 1994, Comisión vs UK (TCJCE 1994/96).

[98] STSJ Canarias/Tenerife de 31 de mayo, rec. 314/2007.

juntas generales que han de adoptar los respectivos acuerdos para el caso de fusión y por ello infringe el principio de transparencia y seguridad jurídica que proclama la Directiva aplicable en esta materia, estableciéndose como consecuencia el deber de negociar de buena fe por la cesionaria (absorbente) el convenio colectivo denunciado antes de la absorción.

6. PROCEDIMIENTO DE INAPLICACIÓN DE CONVENIO

El Real Decreto-Ley 3/2012 ha remitido al procedimiento de inaplicación o "descuelgue" de convenio los supuestos de modificación sustancial de condiciones de trabajo que vengan reconocidas en convenios colectivos estatutarios, cuando concurran causas económicas, técnicas, organizativas o productivas (art. 82.3 ET).

En estos casos se prevé un período de consultas que ha de desarrollarse en idénticos términos (sujetos, contenido, finalidades, plazo, etc.) que los previstos en el art. 41.4 ET para las modificaciones sustanciales de condiciones de trabajo, que ya hemos comentado y que, por tanto, resulta ocioso reiterar.

Las condiciones modificables por esta vía son:

a) Jornada de trabajo.

b) Horario y la distribución del tiempo de trabajo.

c) Régimen de trabajo a turnos.

d) Sistema de remuneración y cuantía salarial.

e) Sistema de trabajo y rendimiento.

f) Funciones, cuando excedan de los límites que para la movilidad funcional prevé el artículo 39 de esta Ley.

g) Mejoras voluntarias de la acción protectora de la Seguridad Social.

El procedimiento de descuelgue de convenio tiene un tronco o inicio común que consiste en un período de consultas idéntico al previsto para la modificación sustancial: de duración no superior a quince días, que versará sobre las causas motivadoras de la decisión empresarial y la posibilidad de evitar o reducir sus efectos, así como sobre las medidas necesarias para atenuar sus consecuencias para los trabajadores afectados.

A partir de ahí el procedimiento se bifurca en la terminación de las consultas con o sin acuerdo:

- Finalización con acuerdo

Se presume que concurren las causas económicas técnicas, organizativas o productivas y sólo puede impugnarse por fraude, dolo, coacción o abuso de derecho. Hay que entender que los trabajadores individuales habrán de poder impugnar el acuerdo, sobre todo en los supuestos de "amarillismo", o en los que existan fraude, dolo, coacción o abuso en la conclusión del acuerdo de descuelgue. También entendemos que habrán de estar legitimados activamente los representantes de los trabajadores disidentes.

El acuerdo debe determinar con exactitud las nuevas condiciones de trabajo aplicables y su duración, que no puede exceder del momento en que se aplique un nuevo convenio en la empresa, suprimiéndose el tope de 3 años de duración del acuerdo de inaplicación.

La reforma suprime la posibilidad de recuperar las condiciones inaplicadas en caso de desaparecer las causas que la han originado.

- Finalización sin acuerdo

    - Se mantiene la posibilidad de someter la discrepancia a la comisión paritaria que resuelve en 7 días.

    - Si la comisión paritaria no logra acuerdo las partes pueden recurrir a los procedimientos establecidos en los Acuerdos interprofesionales estatales o autonómicos del art. 83, incluidos los compromisos previos de someterse a un arbitraje vinculante, siendo el laudo de la misma eficacia que el acuerdo en período de consultas.

    - A falta de acuerdo y de sometimiento a los procedimientos previstos en el art. 83 ET, se prevé que cualquiera de las partes puedan someter la solución a la Comisión Consultiva Nacional de Convenios Colectivos, en caso de que el ámbito de la inaplicación sea estatal (más de una Comunidad Autónoma), o a los correspondientes órganos autonómicos.

La decisión de estos órganos que pueden adoptar directamente o por árbitro designados por ellos (sin intervenir las partes del conflicto) se dicta en no más de 25 días.

La decisión tiene la eficacia de un acuerdo dictado en el período de consultas y sólo es recurrible por los motivos de impugnación de los convenios colectivos, lo cual puede atentar contra la libertad sindical y el derecho a la negociación colectiva (arts. 28 y 37 CE), pues a instancia de una parte se puede instar la modificación de lo acordado en convenio de empresa o sector sin acuerdo ni participación de la otra, bien sea por una decisión "administrativa", bien sea por medio de un arbitraje obligatorio.

En cuanto a la decisión administrativa de la Comisión Consultiva Nacional de Convenios Colectivos, ha de tenerse en cuenta que el TC se ha pronunciado en la STC 92/1992 de 11 de junio, en el sentido de que ha de considerarse contraria al art. 37.1 CE una interpretación del art. 41.1 ET que permita a la Administración laboral autorizar al empresario a la introducción de modificaciones sustanciales de condiciones de trabajo previstas y reguladas en un convenio colectivo vigente[99].

Con relación al arbitraje obligatorio el TC se ha pronunciado, entre otras, en STC 11/1981, declarando inconstitucionales los arts. 25 b) y 26 del Real Decreto-Ley 17/1977, de 4 de marzo, y consecuentemente, el arbitraje obligatorio en los conflictos colectivos de trabajo, por estimar que la existencia de esta institución restringía el derecho a la negociación colectiva sin que concurrieran elementos justificativos para esa restricción.

En definitiva, los medios autocompositivos de solución de conflictos, como las comisiones paritarias o como los pactados en acuerdos interprofesionales, son una manifestación del derecho a plantear conflictos colectivos, que comprende el derecho a crear medios propios y autónomos para resolverlos (STC 217/1991 de 14 de noviembre; FJ 5), pero la imposición no negociada de una solución al conflicto atenta contra la libertad sindical y la negociación colectiva.

[99] STC 92/1992 de 11 de junio, FJ 4: El art. 37.1 CE reconoce el derecho a la negociación colectiva y garantiza la eficacia vinculante del convenio colectivo, encomendado al legislador de manera imperativa garantizarla, de modo que la facultad normativa de las partes sociales encuentra su reconocimiento jurídico en la propia Constitución (STC 58/1985, FJ 3). Y aunque esa facultad negociadora debe entenderse sometida lógicamente a la Constitución y a la regulación que el Estado establezca (STC 210/1990), dada la subordinación jerárquica del convenio colectivo respecto a la legislación (art. 3.1 LET), lo que implica que el convenio colectivo ha de adecuarse a lo establecido a las normas de superior rango jerárquico (SSTC 58/1985, 177/1988 y 171/1989), la sujeción del convenio colectivo al poder normativo del Estado, constitucionalmente legítima, no implica ni permite la existencia de decisiones administrativas que autoricen la dispensa o inaplicación singular de disposiciones contenidas en convenios colectivos, lo que no sólo sería desconocer la eficacia vinculante del convenio colectivo, sino incluso los principios garantizados en el art. 9.3 CE.

Por consiguiente, sería contraria al art. 37.1 CE una interpretación del art. 41.1 ET que permitiera a la Administración laboral autorizar al empresario la introducción de modificaciones sustanciales de condiciones de trabajo previstas y reguladas en un convenio colectivo vigente.

7. DELEGADOS DE PREVENCIÓN

Los delegados de prevención tienen derecho a ser consultados sobre las siguientes materias, conforme al art. 33 LPRL:

a) La planificación y la organización del trabajo en la empresa y la introducción de nuevas tecnologías, en todo lo relacionado con las consecuencias que éstas pudieran tener para la seguridad y la salud de los trabajadores, derivadas de la elección de los equipos, la determinación y la adecuación de las condiciones de trabajo y el impacto de los factores ambientales en el trabajo.

b) La organización y desarrollo de las actividades de protección de la salud y prevención de los riesgos profesionales en la empresa, incluida la designación de los trabajadores encargados de dichas actividades o el recurso a un servicio de prevención externo.

c) La designación de los trabajadores encargados de las medidas de emergencia.

d) Los procedimientos de información y documentación a que se refieren los artículos 18, apartado 1, y 23, apartado 1, de la LPRL.

e) El proyecto y la organización de la formación en materia preventiva.

f) Cualquier otra acción que pueda tener efectos sustanciales sobre la seguridad y la salud de los trabajadores.

El TS[100] se ha pronunciado al respecto en el sentido de denegar al comité de empresa el derecho a ser informado sobre las características de composición y funcionamiento del servicio médico implantado unilateralmente por la empresa desde 1996, así como de sus atribuciones, obligaciones y derechos en relación a los empleados del Banco Exterior de España en Canarias. Dicha decisión se apoya en la inexistencia de norma alguna que obligue a la empresa a prestar la información que de forma tan generalizada se pretende, máximo cuando por el comité de Salud ya se informó en todas las oficinas de Bex Argentaria de la constitución del servicio médico; en consecuencia no existiendo norma que habilite al efecto lo solicitado la pretensión sindical no podía prosperar.

En base a al art. 33 LPRL y a los que regulan las contratas y subcontratas (art. 42 ET) el TSJ Murcia[101] se ha pronunciado que en relación a la

100 STS 6 de mayo de 1998, rec. 3301/1997.

101 TSJ de Murcia de 4 abril de 2011, rec. 1/2011.

información pedida por el comité de empresa sobre las asistencias técnicas y encomiendas de gestión del Ministerio de Medio Ambiente, en el sentido de que existe deber de informar al comité de empresa sobre el número de trabajadores, pero no así respecto al puesto de trabajo que ocupan, ni sobre el tipo de contrato ni categoría profesional, por no venir ello contemplado en los preceptos mencionados.

En tal caso, la doctrina entiende *que dicho comité debe contar con información suficiente de todas las personas que prestan sus servicios para la empresa y dentro del centro de trabajo a que extiende sus competencias el mencionado comité, y ello cualquiera que sea la denominación que se dé a la relación que une a los trabajadores que prestan sus servicios en esos centros, pues, en definitiva, de una forma o de otra y en mayor o menor medida, todos coadyuvan al cumplimiento del objeto empresarial, por lo que poco o nada importa la calificación jurídica que se otorgue a la relación que los trabajadores tengan con la empresa, y en virtud de qué título prestan sus servicios en el centro de trabajo; por lo que, en estos casos, se debe operar según conceptos materiales, y no por meros conceptos formales o nominalismos, puesto que lo esencial es que se realiza una actividad dentro del centro de trabajo del ámbito del comité de empresa, por lo que se debe facilitar esa información, a los efectos mencionados, y, en concreto, sobre los extremos especificados en el artículo 42.4 del Estatuto de los Trabajadores...".*

Para terminar, nos limitaremos a apuntar que existen otros derechos de información de los delegados de Prevención en casos como las subcontratas (art. 15 Real Decreto 171/2004), seguridad en lugares de trabajo art. 11 Real Decreto 486/1997; art. 5 Real Decreto 488/1997 sobre pantallas de visualización de datos, y un largo etcétera.

Capítulo XIII

TUTELA DE LOS DERECHOS DE INFORMACIÓN, AUDIENCIA, CONSULTA Y PARTICIPACIÓN

Más importante que el reconocimiento de un derecho son las consecuencias que el ordenamiento jurídico anuda a su incumplimiento.

En este sentido, a lo largo de este trabajo hemos ido apuntado las consecuencias jurídicas del desconocimiento de los derechos de información, audiencia o consulta en cada caso concreto, entre las que son de destacar la nulidad de la decisión empresarial (por ejemplo falta de período de consultas en despidos colectivos), la pérdida bonificaciones (art. 15 Real Decreto 395/2007), la sanción administrativa (art. 7.7 LISOS), etc.

Resta pues intentar exponer el abanico de posibilidades procesales que con carácter general tienen los sujetos titulares de tales derechos en caso de incumplimiento de los mismos, partiendo de que, como ha afirmado la mejor doctrina, si por algo se caracterizan las normas que reconocen los derechos de información pasiva, es por ser normas incompletas, al no establecer en la mayoría de los casos de forma expresa la consecuencia jurídica de su infracción, lo cuál no significa que ésta no exista.

Es más, el legislador estatal viene limitado en la configuración del régimen de sanciones por la Directiva 2002/14, que le impone establecer las sanciones adecuadas aplicables en caso de incumplimiento de la Directiva por el empresario o los representantes de los trabajadores; debiendo ser tales sanciones efectivas, proporcionadas y disuasorias.

Para terminar, como cuestión previa a tratar antes del examen de las acciones procedentes para la tutela de los derechos de información, procede plantearse el tema de su titularidad y, por tanto, de la legitimación activa.

Son titulares del derecho de información:

- Los representantes legales.

- Los representantes sindicales o delegados sindicales que no formen parte del comité de empresa: se vulnera su libertad sindical si la empresa se niega a facilitarles la misma información que al comité de empresa (STSJ Islas Canarias/Tenerife de 30 de junio, rec. 338/2008). En estos casos puede accionar el Sindicato.

- No lo son los sindicatos. Los sindicatos podrán tener acceso a la información a través del delegado sindical, pero no pueden demandar dicha información como titulares del derecho. La STS de 20 de febrero de 1998 que cita a su vez la de 22 de junio de 1995 establece que "el derecho de información a que se refiere el art. 64 del Estatuto de los Trabajadores no tiene como titular o sujeto activo a sindicatos" y tampoco la LOLS establece como derecho del sindicato la extensión de tal derecho al sindicato, aunque si lo haga a los delegados sindicales de las secciones establecidas por los afiliados a sindicatos que cuenten con presencia en los órganos de representación unitaria y se termina negando el derecho propio del sindicato a la información[102].

1. TUTELA JUDICIAL

1.1. PROCEDIMIENTO DE TUTELA DE LA LIBERTAD SINDICAL

El derecho de libertad sindical incluye, dentro de su contenido adicional, el reconocimiento de las garantías previstas en el art. 10.3 LOLS para el eficaz ejercicio de sus funciones por parte de los delegados sindicales (STC 269/2000, de 13 de noviembre).

El derecho de información forma parte del contenido adicional de la libertad sindical como instrumento para lograr los fines atribuidos en la Constitución a los sindicatos[103]. Por tanto, los delegados sindicales que no formen parte del comité de empresa a quienes se desconozca su derecho a la información y consulta, tendrán la opción de acudir al proceso de tutela de libertad sindical del art. 177 y ss LRJS.

En los casos en que se vulneren los derechos de información, audiencia o consulta de los representantes unitarios, se ha reiterado que ello no lesiona el derecho a la libertad sindical[104], pues no son titulares del mismo.

---

[102] STSJ Madrid de 7 febrero, rec. 197/2005.

[103] STC 44/2001.

[104] STSJ Cataluña de 20 enero, rec. 6665/2009.

En tal sentido, es constante la doctrina del TC que, en relación con los representantes unitarios (sentencias 37/1983, 118/1983, 197/1990, 134/1994, 74/1996 y 95/1996, entre otras muchas) viene reiterando que "la norma fundamental constitucionaliza el sindicato (art. 7 CE), sin hacer lo mismo con los comités de empresa y los delegados de personal, los cuales son creación de la ley, teniendo sólo una indirecta relación con el artículo 129.2 CE (o con el art. 103.3 CE en el caso de los delegados y juntas de personal de los funcionarios públicos), al que en su caso desarrollan... Estos últimos órganos poseerán los derechos constitucionales y legales a que antes se ha hecho referencia (art. 64 ET), pero no tienen constitucionalmente garantizada la libertad sindical consagrada en el art. 28.1 CE que se refiere sólo a la actividad legítima realizada por los sindicatos en representación, defensa y promoción de los intereses económicos y sociales de los trabajadores (STC 134/1994), reafirmando que, en su vertiente colectiva, la titularidad originaria del derecho fundamental contemplado en el artículo 28.1 CE pertenece a los sindicatos y no a otros sujetos colectivos, como los comités de empresa y los delegados de personal (por todas SSTC 197/1990 y 134/1994)". Doctrina seguida por el TS en sus sentencias de 16 de marzo de 1998 (rec. 1884/1997) y 17 de julio de 1996 (rec. 538/1996).

La solución procesal a tal problema es que sean los delegados sindicales quienes demanden por la vía de tutela de libertad sindical, formen o no formen parte del comité de empresa[105], pues si forman parte tienen derecho a la información como miembros del comité y si no forman parte, tienen el mismo derecho que los miembros del comité; y en ambos casos en tanto que delegados sindicales precisan de la información para el ejercicio de la actividad sindical en la empresa.

En cuanto a la posibilidad de que sean los Sindicatos los que demanden la infracción de los derechos de información de sus delegados sindicales dicha doctrina parece que se ha matizado más recientemente.

En efecto, siendo demandante el Sindicato CGT respecto de la SAE Correos y Telégrafos, el TS[106] ha afirmado (STS 19 de septiembre de 2006, rec. 153/2005) que reconoce la legitimación del Sindicato para reivindicar los derechos atribuidos por la Ley Orgánica de Libertad Sindical a sus delegados sindicales en la empresa, pues es procedente tener en cuenta:

---

[105] STS de 3 mayo 2011, rec. 168/2010; Vid. STS de 19 septiembre 2006, rec. 153/2005; STSJ Madrid de 4 noviembre, rec. 4448/2011.

[106] STS 30 noviembre 2009, rec. 129/2008.

1) Que se trata de un proceso de tutela de los derechos de libertad sindical y, que el artículo 175.1 de la LPL establece que "Cualquier trabajador o sindicato que invocando un derecho o un interés legítimo considere lesionados los derechos de libertad sindical podrá recabar su tutela a través de este proceso cuando la pretensión sea de las atribuidas al orden jurisdiccional social";

2) Que los sindicatos accionantes, basan su legitimación [...] en que su derecho de información deriva de que cuentan con la presencia de sección sindical y, que las secciones sindicales tienen derecho a la misma información y documentación que la empleadora ponga a disposición del comité de empresa;

3) Que el artículo 10.3 establece "Los delegados sindicales,... tendrán... los siguientes derechos a salvo de lo que se pudiere establecer por convenio colectivo: 1°.- Tener acceso a la misma información y documentación que la empresa ponga a disposición del comité de empresa..."; [...] y,

4) Que los sindicatos accionantes no basan su legitimación activa en los representantes electos [...]. Por tanto se ha de concluir, apreciando la legitimación activa de los sindicatos accionantes [...] (STS de 19 de septiembre de 2006, FJ 5, rec. 153/2005).

En la misma línea, y más recientemente, el TS ha admitido la adecuación del procedimiento de tutela de derechos fundamentales, siendo demandante el Sindicato (no el delegado sindical), en un caso de cumplimiento insuficiente de derechos de información[107]. En tal caso, concluye el Alto Tribunal *que la documentación interesada por el Sindicato actuante no es sino un complemento lógico y necesario de su derecho a acceder a la relación de puestos de trabajo y plantillas, imprescindible para comprobar entre otros aspectos de una acción sindical eficaz, la adecuada provisión de las vacantes (art. 13 del Convenio), las circunstancias concretas de los puestos funcionales (art. 9 del Convenio), y la identificación de la circunstancias de cada puesto, sin cuyos datos, la mera relación de puestos de trabajo sin el complemento de los datos referentes a la plantilla (y conforme al escrito de 28-3-2001 de la CAM -ordinal 2º- el CD se limita a ese aspecto), resultaría por completo ineficaz para llevar a cabo con eficacia la acción sindical".*

El problema viene dado cuando no hay delegados sindicales pero el Sindicato tiene representantes electos en el comité o delegados de personal. Lo mejor en tales casos es que el Sindicato demande por vía de tutela de libertad sindical por falta de información al trabajador afilia-

[107] STS de 18 enero 2012, rec. 138/2011.

do y miembro del órgano unitario, pues ello impide al sindicato desarrollar su actividad en la empresa. En tales casos es particularmente importante que el sindicato tenga constituida sección sindical en la empresa, aunque no tenga derecho a delegado sindical (por ejemplo, por tener menos de 250 trabajadores), pues no habrá duda de que el representante de la sección integrado en el comité y afiliado al sindicato precisa de dicha información para desplegar su derecho a informar activamente [art. 8.1a y b) LOLS].

1.2. PROCEDIMIENTO DE CONFLICTO COLECTIVO

El art. 65.5 ET dispone que la impugnación de las decisiones de la empresa de atribuir carácter reservado o de no comunicar determinadas informaciones a los representantes de los trabajadores se tramitará conforme al proceso de conflictos colectivos regulado en los arts. 153 a 161 LRJS.

En coherencia con ello, el art. 153.3 LRJS dispone que se tramitará conforme al proceso de conflicto colectivo la impugnación de las decisiones de la empresa de atribuir carácter reservado o de no comunicar determinadas informaciones a los representantes de los trabajadores, así como los litigios relativos al cumplimiento por los representantes de los trabajadores y los expertos que les asistan de su obligación de sigilo.

En tales casos, el juez o Sala deberá adoptar las medidas necesarias para salvaguardar el carácter reservado o secreto de la información de que se trate.

Todo ello se entiende sin perjuicio de lo previsto en el TRLISOS, aprobado por Real Decreto-Leg. 5/2000, de 4 de agosto para los casos de negativa injustificada de la información a que tienen derecho los representantes de los trabajadores.

Estos preceptos del ET y la LRJS son trasposición clara de la Directiva 2002/14, cuyo art. 8.1 establece que los Estados garantizarán que existan procedimientos administrativos o judiciales adecuados para hacer respetar las obligaciones derivadas de la presente Directiva.

1.3. PROCESO ORDINARIO

En cuanto a la tutela por vía del proceso ordinario, hay que recordar que en los casos en que haya vulneración de derechos fundamentales (información activa, delegados sindicales...) la vía de la tutela de la libertad sindical no es imperativa para el titular de los derechos infringidos (STC 90/1997).

En esta línea podrá optar por el proceso ordinario. La infracción del deber de información del comité de empresa o delegados de personal por el empresario puede ser objeto de un proceso con pretensión declarativa de infracción de tales derechos y de condena a su cumplimiento en el futuro (art. 220 LEC), que habrá de ejecutarse por la vía art. 709 LEC, con la concesión de plazo en la sentencia para cumplir el título ejecutivo.

Desde luego, en estos casos sería aconsejable, cuando la utilidad de la información pueda perderse con el transcurso del proceso hasta la sentencia, formular la petición de las correspondientes medidas cautelares (art. 79 LRJS).

2. TUTELA ADMINISTRATIVA

Para terminar, a lo largo de este trabajo se ha expuesto que la transgresión de los derechos de información, audiencia y consulta de los representantes de los trabajadores y de los delegados sindicales, en los términos en que legal o convencionalmente estuvieren establecidos, constituye una infracción grave prevista en el art. 7 LISOS.

En este punto, como novedad introducida por la LRJS (art. 2n), el orden social es la jurisdicción competente para conocer de la impugnación de las resoluciones administrativas recaídas en materia de impugnación de los actos de las Administraciones públicas dictados en ejercicio de la potestad sancionadora en ámbito laboral y sindical.

En esta línea, es numerosa la jurisprudencia recaída hasta ahora en el orden contencioso. Sirvan de ejemplo:

-Sanción por existencia de pacto relativo a horario de trabajo sin intervención y audiencia de determinadas representaciones sindicales y comité intercentros[108].

- Sanción por entrega de copias básicas de contratos sin elementos esenciales[109].

- Sanción por omisión del deber de información tras varios escritos solicitándolo[110].

[108] STSJ Aragón, Sala de lo Contencioso, de 24 de octubre, rec. 259/2003.

[109] STSJ Andalucía/Sevilla, Sala de lo Contencioso, de 15 de julio de 2000, rec. 3425/1997.

[110] STSJ Andalucía/Granada, Sala de lo Contencioso, de 15 de octubre, rec. 3749/1996.

ANEXO NORMATIVO

I. NORMATIVA SOBRE DERECHOS DE INFORMACIÓN Y CONSULTA DE LOS REPRESENTANTES DE LOS TRABAJADORES

Art. 64 ET. Derechos de información y consulta y competencias.

1. El comité de empresa tendrá derecho a ser informado y consultado por el empresario sobre aquellas cuestiones que puedan afectar a los trabajadores, así como sobre la situación de la empresa y la evolución del empleo en la misma, en los términos previstos en este artículo.

Se entiende por información la transmisión de datos por el empresario al comité de empresa, a fin de que éste tenga conocimiento de una cuestión determinada y pueda proceder a su examen. Por consulta se entiende el intercambio de opiniones y la apertura de un diálogo entre el empresario y el comité de empresa sobre una cuestión determinada, incluyendo, en su caso, la emisión de informe previo por parte del mismo.

En la definición o aplicación de los procedimientos de información y consulta, el empresario y el comité de empresa actuarán con espíritu de cooperación, en cumplimiento de sus derechos y obligaciones recíprocas, teniendo en cuenta tanto los intereses de la empresa como los de los trabajadores.

2. El comité de empresa tendrá derecho a ser informado trimestralmente:

a) Sobre la evolución general del sector económico a que pertenece la empresa.

b) Sobre la situación económica de la empresa y la evolución reciente y probable de sus actividades, incluidas las actuaciones medioambientales que tengan repercusión directa en el empleo, así como sobre la producción y ventas, incluido el programa de producción.

c) Sobre las previsiones del empresario de celebración de nuevos contratos, con indicación del número de éstos y de las modalidades y tipos que serán utilizados, incluidos los contratos a tiempo parcial, la realización de horas complementarias por los trabajadores contratados a tiempo parcial y de los supuestos de subcontratación.

d) De las estadísticas sobre el índice de absentismo y las causas, los accidentes de trabajo y enfermedades profesionales y sus consecuencias, los índices de siniestralidad, los estudios periódicos o especiales del medio ambiente laboral y los mecanismos de prevención que se utilicen.

3. También tendrá derecho a recibir información, al menos anualmente, relativa a la aplicación en la empresa del derecho de igualdad de trato y de oportunidades entre mujeres y hombres, entre la que se incluirán datos sobre la proporción de mujeres y hombres en los diferentes niveles profesionales, así como, en su caso, sobre las medidas que se hubieran adoptado para fomentar la igualdad entre mujeres y hombres en la empresa y, de haberse establecido un plan de igualdad, sobre la aplicación del mismo.

4. El comité de empresa, con la periodicidad que proceda en cada caso, tendrá derecho a:

a) Conocer el balance, la cuenta de resultados, la memoria y, en el caso de que la empresa, prevista la forma de sociedad por acciones o participaciones, los demás documentos que se den a conocer a los socios, y en las mismas condiciones que a éstos.

b) Conocer los modelos de contrato de trabajo escrito que se utilicen en la empresa así como los documentos relativos a la terminación de la relación laboral.

c) Ser informado de todas las sanciones impuestas por faltas muy graves.

Asimismo, el comité de empresa tendrá derecho a recibir la copia básica de los contratos y la notificación de las prórrogas y de las denuncias correspondientes a los mismos en el plazo de diez días siguientes a que tuvieran lugar.

5. El comité de empresa tendrá derecho a ser informado y consultado sobre la situación y estructura del empleo en la empresa o en el centro de trabajo, así como a ser informado trimestralmente sobre la evolución probable del mismo, incluyendo la consulta cuando se prevean cambios al respecto.

Asimismo, tendrá derecho a ser informado y consultado sobre todas las decisiones de la empresa que pudieran provocar cambios relevantes en cuanto a la organización del trabajo y a los contratos de trabajo en la empresa. Igualmente tendrá derecho a ser informado y consultado sobre la adopción de eventuales medidas preventivas, especialmente en caso de riesgo para el empleo.

El comité de empresa tendrá derecho a emitir informe, con carácter previo a la ejecución por parte del empresario de las decisiones adoptadas por éste, sobre las siguientes cuestiones:

a) Las reestructuraciones de plantilla y ceses totales o parciales, definitivos o temporales, de aquélla.

b) Las reducciones de jornada.

c) El traslado total o parcial de las instalaciones.

d) Los procesos de fusión, absorción o modificación del estatus jurídico de la empresa que impliquen cualquier incidencia que pueda afectar al volumen de empleo.

e) Los planes de formación profesional en la empresa.

f) La implantación y revisión de sistemas de organización y control del trabajo, estudios de tiempos, establecimiento de sistemas de primas e incentivos y valoración de puestos de trabajo.

6. La información se deberá facilitar por el empresario al comité de empresa, sin perjuicio de lo establecido específicamente en cada caso, en un momento, de una manera y con un contenido apropiados, que permitan a los representantes de los trabajadores proceder a su examen adecuado y preparar, en su caso, la consulta y el informe.

La consulta deberá realizarse, salvo que expresamente esté establecida otra cosa, en un momento y con un contenido apropiados, en el nivel de dirección y representación correspondiente de la empresa, y de tal manera que permita a los representantes de los trabajadores, sobre la base de la información recibida, reunirse con el empresario, obtener una respuesta justificada a su eventual informe y poder contrastar sus puntos de vista u opiniones con objeto, en su caso, de poder llegar a un acuerdo sobre las cuestiones indicadas en el apartado 4, y ello sin perjuicio de las facultades que se reconocen al empresario al respecto en relación con cada una de dichas cuestiones. En todo caso, la consulta deberá permitir que el criterio del comité pueda ser conocido por el empresario a la hora de adoptar o de ejecutar las decisiones.

Los informes que deba emitir el comité de empresa deberán elaborarse en el plazo máximo de quince días desde que hayan sido solicitados y remitidas las informaciones correspondientes.

7. El comité de empresa tendrá también las siguientes competencias:

a) Ejercer una labor:

1º De vigilancia en el cumplimiento de las normas vigentes en materia laboral, de seguridad social y de empleo, así como del resto de los pactos, condiciones y usos de empresa en vigor, formulando, en su caso, las acciones legales oportunas ante el empresario y los organismos o tribunales competentes.

2º De vigilancia y control de las condiciones de seguridad y salud en el desarrollo del trabajo en la empresa, con las particularidades previstas en este orden por el art. 19 de esta Ley.

3º De vigilancia del respeto y aplicación del principio de igualdad de trato y de oportunidades entre mujeres y hombres.

b) Participar, como se determine por convenio colectivo, en la gestión de obras sociales establecidas en la empresa en beneficio de los trabajadores o de sus familiares.

c) Colaborar con la dirección de la empresa para conseguir el establecimiento de cuantas medidas procuren el mantenimiento y el incremento de la productividad, así como la sostenibilidad ambiental de la empresa, si así está pactado en los convenios colectivos.

d) Colaborar con la dirección de la empresa en el establecimiento y puesta en marcha de medidas de conciliación.

e) Informar a sus representados en todos los temas y cuestiones señalados en este artículo en cuanto directa o indirectamente tengan o puedan tener repercusión en las relaciones laborales.

8. Lo dispuesto en el presente artículo se entenderá sin perjuicio de las disposiciones específicas previstas en otros artículos de esta Ley o en otras normas legales o reglamentarias.

9. Respetando lo establecido legal o reglamentariamente, en los convenios colectivos se podrán establecer disposiciones específicas relativas al contenido y a las modalidades de ejercicio de los derechos de información y consulta previstos en este artículo, así como al nivel de representación más adecuado para ejercerlos.

Art. 65. Capacidad y sigilo profesional.

1. Se reconoce al comité de empresa capacidad, como órgano colegiado, para ejercer acciones administrativas o judiciales en todo lo relativo al ámbito de sus competencias, por decisión mayoritaria de sus miembros.

2. Los miembros del comité de empresa y éste en su conjunto, así como, en su caso, los expertos que les asistan, deberán observar el deber de sigilo con respecto a aquella información que, en legítimo

y objetivo interés de la empresa o del centro de trabajo, les haya sido expresamente comunicada con carácter reservado.

3. En todo caso, ningún tipo de documento entregado por la empresa al comité podrá ser utilizado fuera del estricto ámbito de aquélla ni para fines distintos de los que motivaron su entrega.

El deber de sigilo subsistirá incluso tras la expiración de su mandato e independientemente del lugar en que se encuentren.

4. Excepcionalmente, la empresa no estará obligada a comunicar aquellas informaciones específicas relacionadas con secretos industriales, financieros o comerciales cuya divulgación pudiera, según criterios objetivos, obstaculizar el funcionamiento de la empresa o del centro de trabajo u ocasionar graves perjuicios en su estabilidad económica.

Esta excepción no abarca aquellos datos que tengan relación con el volumen de empleo en la empresa.

5. La impugnación de las decisiones de la empresa de atribuir carácter reservado o de no comunicar determinadas informaciones a los representantes de los trabajadores se tramitará conforme al proceso de conflictos colectivos regulado en el Capítulo VIII del Título II del Libro II de la Ley de Procedimiento Laboral, Texto Refundido aprobado por Real Decreto Legislativo 2/1995, de 7 de abril.

Asimismo, se tramitarán conforme a este proceso los litigios relativos al cumplimiento por los representantes de los trabajadores y por los expertos que les asistan de su obligación de sigilo.

Lo dispuesto en este apartado se entiende sin perjuicio de lo previsto en el Texto Refundido de la Ley de Infracciones y Sanciones en el Orden Social, aprobado por Real Decreto Legislativo 5/2000, de 4 de agosto (RCL 2000, 1084), para los casos de negativa injustificada de la información a que tienen derecho los representantes de los trabajadores.

II. NORMATIVA SOBRE INFORMACIÓN Y CONSULTA EN DESPIDOS COLECTIVOS

Art. 51 ET. Despido colectivo.

1. A efectos de lo dispuesto en la presente Ley se entenderá por despido colectivo la extinción de contratos de trabajo fundada en causas económicas, técnicas, organizativas o de producción cuando, en un período de noventa días, la extinción afecte al menos a:

a) Diez trabajadores, en las empresas que ocupen menos de cien trabajadores.

b) El 10 por ciento del número de trabajadores de la empresa en aquéllas que ocupen entre cien y trescientos trabajadores.

c) Treinta trabajadores en las empresas que ocupen más de trescientos trabajadores.

Se entiende que concurren causas económicas cuando de los resultados de la empresa se desprenda una situación económica negativa, en casos tales como la existencia de pérdidas actuales o previstas, o la disminución persistente de su nivel de ingresos o ventas. En todo caso, se entenderá que la disminución es persistente si se produce durante tres trimestres consecutivos.

Se entiende que concurren causas técnicas cuando se produzcan cambios, entre otros, en el ámbito de los medios o instrumentos de producción; causas organizativas cuando se produzcan cambios, entre otros, en el ámbito de los sistemas y métodos de trabajo del personal o en el modo de organizar la producción y causas productivas cuando se produzcan cambios, entre otros, en la demanda de los productos o servicios que la empresa pretende colocar en el mercado.

Se entenderá igualmente como despido colectivo la extinción de los contratos de trabajo que afecten a la totalidad de la plantilla de la empresa, siempre que el número de trabajadores afectados sea superior a cinco, cuando aquél se produzca como consecuencia de la cesación total de su actividad empresarial fundada en las mismas causas anteriormente señaladas.

Para el cómputo del número de extinciones de contratos a que se refiere el párrafo primero de este artículo, se tendrán en cuenta asimismo cualesquiera otras producidas en el período de referencia por iniciativa del empresario en virtud de otros motivos no inherentes a la persona del trabajador distintos de los previstos en el párrafo c) del apartado 1 del art. 49 de esta Ley, siempre que su número sea, al menos, de cinco.

Cuando en períodos sucesivos de noventa días y con el objeto de eludir las previsiones contenidas en el presente artículo, la empresa realice extinciones de contratos al amparo de lo dispuesto en el art. 52 c) de esta Ley en un número inferior a los umbrales señalados, y sin que concurran causas nuevas que justifiquen tal actuación, dichas nuevas extinciones se considerarán efectuadas en fraude de ley, y serán declaradas nulas y sin efecto.

2. El despido colectivo deberá ir precedido de un periodo de consultas con los representantes legales de los trabajadores de una duración no superior a treinta días naturales, o de quince en el caso de empresas de menos de cincuenta trabajadores. La consulta con los representantes legales de los trabajadores deberá versar, como mínimo, sobre las posibilidades de evitar o reducir los despidos colectivos y de atenuar sus consecuencias mediante el recurso a medidas sociales de acompañamiento, tales como medidas de recolocación o acciones de formación o reciclaje profesional para la mejora de la empleabilidad.

La comunicación de la apertura del período de consultas se realizará mediante escrito dirigido por el empresario a los representantes legales de los trabajadores, una copia del cual se hará llegar, junto con la comunicación, a la autoridad laboral. En dicho escrito se consignarán los siguientes extremos:

a) La especificación de las causas del despido colectivo conforme a lo establecido en el apartado 1.

b) Número y clasificación profesional de los trabajadores afectados por el despido.

c) Número y clasificación profesional de los trabajadores empleados habitualmente en el último año.

d) Periodo previsto para la realización de los despidos.

e) Criterios tenidos en cuenta para la designación de los trabajadores afectados por los despidos.

La referida comunicación deberá ir acompañada de una memoria explicativa de las causas del despido colectivo y de los restantes aspectos señalados en el párrafo anterior.

Recibida la comunicación, la autoridad laboral lo comunicará a la entidad gestora de las prestaciones por desempleo y recabará, con carácter preceptivo, informe de la Inspección de Trabajo y Seguridad Social sobre los extremos de la comunicación a que se refiere los párrafos anteriores y sobre el desarrollo del período de consultas. El informe deberá ser evacuado en el improrrogable plazo de 15 días desde la notificación a la autoridad laboral de la finalización del período de consultas y quedará incorporado al procedimiento.

La intervención como interlocutores ante la dirección de la empresa en el procedimiento de consultas corresponderá a las secciones sindicales cuando éstas así lo acuerden, siempre que tengan la representación mayoritaria en los comités de empresa o entre los delegados de personal.

En los supuestos de ausencia de representación legal de los trabajadores en la empresa, éstos podrán atribuir su representación para el período de consultas a una comisión designada conforme a lo dispuesto en el art. 41.4.

Durante el periodo de consultas, las partes deberán negociar de buena fe, con vistas a la consecución de un acuerdo.

La autoridad laboral velará por la efectividad del periodo de consultas pudiendo remitir, en su caso, advertencias y recomendaciones a las partes que no supondrán, en ningún caso, la paralización ni la suspensión del procedimiento.

Transcurrido el período de consultas el empresario comunicará a la autoridad laboral el resultado del mismo. Si se hubiera alcanzado acuerdo, trasladará copia íntegra del mismo. En caso contrario, remitirá a los representantes de los trabajadores y a la autoridad laboral la decisión final de despido colectivo que haya adoptado y las condiciones del mismo.

3. Cuando la extinción afectase a más del 50 por 100 de los trabajadores, se dará cuenta por el empresario de la venta de los bienes de la empresa, excepto de aquellos que constituyen el tráfico normal de la misma, a los representantes legales de los trabajadores y, asimismo, a la autoridad competente.

4. Comunicada la decisión a los representantes de los trabajadores, el empresario notificará los despidos individualmente a los trabajadores afectados en los términos establecidos en el art. 53.1 de esta Ley. Lo anterior no obstante, deberán haber transcurrido como mínimo 30 días entre la fecha de la comunicación de la apertura del periodo de consultas a la autoridad laboral y la fecha de efectos del despido.

5. Los representantes legales de los trabajadores tendrán prioridad de permanencia en la empresa en los supuestos a que se refiere este artículo. Mediante convenio colectivo o acuerdo alcanzado durante el periodo de consultas se podrán establecer prioridades de permanencia a favor de otros colectivos, tales como trabajadores con cargas familiares, mayores de determinada edad o personas con discapacidad.

6. La decisión empresarial podrá impugnarse a través de las acciones previstas para este despido. La interposición de la demanda por los representantes de los trabajadores paralizará la tramitación de las acciones individuales iniciadas, hasta la resolución de aquella.

La autoridad laboral podrá impugnar los acuerdos adoptados en el periodo de consultas cuando estime que estos se han alcanzado mediante fraude, dolo, coacción o abuso de derecho, así como cuando la entidad gestora de la prestación por desempleo hubiese informado que el acuerdo pudiera tener por objeto la obtención indebida de las prestaciones por parte de los trabajadores afectados por inexistencia de la causa motivadora de la situación legal de desempleo.

7. La existencia de fuerza mayor, como causa motivadora de la extinción de los contratos de trabajo, deberá ser constatada por la autoridad laboral, cualquiera que sea el número de los trabajadores afectados, previo procedimiento tramitado conforme a lo dispuesto en este apartado.

El expediente se iniciará mediante solicitud de la empresa, acompañada de los medios de prueba que estime necesarios y simultánea comunicación a los representantes legales de los trabajadores, quienes ostentarán la condición de parte interesada en la totalidad de la tramitación del expediente.

La resolución de la autoridad laboral se dictará, previas las actuaciones e informes indispensables, en el plazo de cinco días desde la solicitud, y surtirá efectos desde la fecha del hecho causante de la fuerza mayor.

La autoridad laboral que constate la fuerza mayor podrá acordar que la totalidad o una parte de la indemnización que corresponda a los trabajadores afectados por la extinción de sus contratos sea satisfecha por el Fondo de Garantía Salarial, sin perjuicio del derecho de éste a resarcirse del empresario.

8. Las obligaciones de información y documentación previstas en el presente artículo se aplicarán con independencia de que la decisión

relativa a los despidos colectivos haya sido tomada por el empresario o por la empresa que ejerza el control sobre él. Cualquier justificación del empresario basada en el hecho de que la empresa que tomó la decisión no le ha facilitado la información necesaria no podrá ser tomada en consideración a tal efecto.

9. Cuando se trate de procedimientos de despidos colectivos de empresas no incursas en procedimiento concursal, que incluyan trabajadores con cincuenta y cinco o más años de edad que no tuvieren la condición de mutualistas el 1 de enero de 1967, existirá la obligación de abonar las cuotas destinadas a la financiación de un convenio especial respecto de los trabajadores anteriormente señalados en los términos previstos en la Ley General de la Seguridad Social.

10. La empresa que lleve a cabo un despido colectivo que afecte a más de cincuenta trabajadores deberá ofrecer a los trabajadores afectados un plan de recolocación externa a través de empresas de recolocación autorizadas. Dicho plan, diseñado para un periodo mínimo de 6 meses, deberá incluir medidas de formación y orientación profesional, atención personalizada al trabajador afectado y búsqueda activa de empleo. En todo caso, lo anterior no será de aplicación en las empresas que se hubieran sometido a un procedimiento concursal. El coste de la elaboración e implantación de dicho plan no recaerá en ningún caso sobre los trabajadores.

El incumplimiento de la obligación establecida en este apartado o de las medidas sociales de acompañamiento asumidas por el empresario, podrá dar lugar a la reclamación de su cumplimiento por parte de los trabajadores, sin perjuicio de las responsabilidades administrativas que procedan por el incumplimiento.

11. Las empresas que realicen despidos colectivos de acuerdo con lo establecido en este artículo, y que incluyan a trabajadores de 50 o más años de edad, deberán efectuar una aportación económica al Tesoro Público de acuerdo con lo establecido legalmente.

Art. 124 de la Ley Reguladora de la Jurisdicción Social.

1. La decisión empresarial podrá impugnarse por los representantes legales o sindicales de los trabajadores a través del proceso previsto en los apartados siguientes.

2. La demanda podrá fundarse en los siguientes motivos:

a) Que no concurre la causa legal indicada en la comunicación escrita.

b) Que no se ha respetado lo previsto en los arts. 51.2 o 51.7 del Estatuto de los Trabajadores.

c) Que la decisión extintiva se ha adoptado con fraude, dolo, coacción o abuso de derecho.

En ningún caso podrán ser objeto de este proceso las pretensiones relativas a la inaplicación de las reglas de prioridad de permanencia previstas legal o convencionalmente o establecidas en el acuerdo adoptado en el período de consultas. Tales pretensiones se plantearán a través del procedimiento individual al que se refiere el apartado 11 del presente artículo.

3. En caso de que el período de consultas regulado en el art. 51 del Estatuto de los Trabajadores hubiera finalizado con acuerdo, también deberá demandarse a los firmantes del mismo.

4. Para presentar la demanda no será necesario agotar ninguna de las formas de evitación del proceso contempladas en el Título V del Libro I de la presente Ley.

5. La demanda deberá presentarse en el plazo de caducidad de veinte días desde la notificación a los representantes de los trabajadores de la decisión de despido colectivo adoptada por el empresario al finalizar el período de consultas del art. 51 del Estatuto de los Trabajadores.

6. Este proceso tendrá carácter urgente. La preferencia en el despacho de estos asuntos será absoluta sobre cualesquiera otros, salvo los de tutela de los derechos fundamentales y libertades públicas. Contra las resoluciones de tramitación que se dicten no cabrá recurso, salvo el de declaración inicial de incompetencia.

7. Admitida a trámite la demanda, el secretario judicial dará traslado de la misma al empresario demandado y le requerirá para que en el plazo de cinco días presente, preferiblemente en soporte informático, la documentación y las actas del período de consultas y la comunicación a la autoridad laboral del resultado del mismo.

En ese mismo requerimiento, el secretario judicial ordenará al empresario que, en el plazo de cinco días, notifique a los trabajadores que pudieran resultar afectados por el despido colectivo la existencia del proceso planteado por los representantes de los trabajadores, para que en el plazo de quince días comuniquen al órgano judicial un domicilio a efectos de notificación de la sentencia.

En caso de negativa injustificada del empresario a remitir estos documentos o a informar a los trabajadores que pudieran resultar afectados, el secretario judicial reiterará por la vía urgente su inmediata remisión en el plazo de tres días, con apercibimiento de que de no cumplirse en plazo este segundo requerimiento se impondrán las medidas a las que se refiere el apartado 5 del art. 75, y se podrán tener por ciertos a los efectos del juicio posterior los hechos que pretende acreditar la parte demandante.

Al admitirse la demanda, el secretario judicial acordará recabar de la Autoridad Laboral copia del expediente administrativo relativo al despido colectivo.

8. Transcurrido el plazo de diez días hábiles desde la finalización del plazo para interponer la demanda, el secretario judicial citará a las partes al acto del juicio, que deberá tener lugar en única convocatoria dentro de los 15 días siguientes. En la citación se acordará de oficio el previo traslado entre las partes o la aportación anticipada, en soporte preferiblemente informático, con cinco días de antelación al acto de juicio, de la prueba documental o pericial que, por su volumen o complejidad, sea conveniente posibilitar su examen previo al momento de la práctica de la prueba.

9. La sentencia se dictará dentro de los cinco días siguientes a la celebración del juicio y será recurrible en casación ordinaria.

Se declarará ajustada a derecho la decisión extintiva cuando el empresario, habiendo cumplido lo previsto en los arts. 51.2 o 51.7 del Estatuto de los Trabajadores, acredite la concurrencia de la causa legal esgrimida.

La sentencia declarará nula la decisión extintiva cuando no se haya respetado lo previsto en los arts. 51.2 o 51.7 del Estatuto de los Trabajadores, u obtenido la autorización judicial del juez del concurso en los supuestos en que esté legalmente prevista, así como cuando la medida empresarial se haya efectuado en vulneración de derechos fundamentales y libertades públicas o con fraude, dolo, coacción o abuso de derecho.

La sentencia declarará no ajustada a Derecho, la decisión extintiva cuando el empresario no haya acreditado la concurrencia de la causa legal indicada en la comunicación extintiva.

10. Una vez firme la sentencia, se notificará a quienes hubieran sido parte y a los trabajadores que pudieran ser afectados por el despido colectivo que hubiesen puesto en conocimiento del órgano judicial un domicilio a efectos de notificaciones, a los efectos previstos en la letra b) del apartado 11 de este artículo.

La sentencia firme se notificará para su conocimiento a la autoridad laboral, la entidad gestora de la prestación por desempleo y la Administración de la Seguridad Social cuando no hubieran sido parte en el proceso.

11. Cuando el objeto del proceso sea la impugnación individual de la extinción del contrato de trabajo ante el Juzgado de lo Social, se estará a lo previsto en los arts. 120 a 123 de esta Ley, con las siguientes especialidades:

a) Cuando el objeto del debate verse sobre preferencias atribuidas a determinados trabajadores, éstos también deberán ser demandados. Igualmente deberán ser demandados los representantes de los trabajadores cuando la medida cuente con la conformidad de aquéllos.

b) Si una vez iniciado el proceso individual se plantease demanda por los representantes de los trabajadores contra la decisión empresarial a tenor de lo dispuesto en los apartados anteriores, aquel proceso se suspenderá hasta la resolución de la demanda formulada por los representantes de los trabajadores, que una vez firme tendrá eficacia de cosa juzgada sobre el proceso individual en los términos del apartado 3 del art. 160.

c) El despido será nulo, además de por los motivos recogidos en el art. 122.2 de esta Ley, cuando se incumpla lo previsto en los arts. 51.2 o 51.7 del Estatuto de los Trabajadores, o cuando no se hubiese obtenido la autorización judicial del juez del concurso, en los supuestos en que esté legalmente prevista.

También será nula la extinción del contrato acordada por el empresario sin respetar las prioridades de permanencia que pudieran estar establecidas en las leyes, los convenios colectivos o en el acuerdo alcanzado durante el período de consultas. Esta nulidad no afectará a las extinciones que dentro del mismo despido colectivo hayan respetado las prioridades de permanencia.

Art. 11 Real Decreto 801/2011, de 10 de junio, por el que se aprueba el Reglamento de los procedimientos de regulación de empleo y de actuación administrativa en materia de traslados colectivos.

(Se entiende vigente, salvo lo establecido en su apartado 4. En todo caso, la referencia al contenido del período de consultas previsto en el párrafo segundo del apartado 1 se entiende realizada en los términos del art. 51.2 del Estatuto de los Trabajadores por art. 2 de Orden ESS/487/2012, de 8 de marzo).

1. El período de consultas tendrá una duración no superior a treinta días naturales, o de quince, también naturales, en el caso de empresas de menos de cincuenta trabajadores.

La consulta deberá versar sobre las causas motivadoras del expediente y la posibilidad de evitar o reducir sus efectos, así como sobre las medidas necesarias para atenuar sus consecuencias para los trabajadores afectados y para posibilitar la continuidad y viabilidad del proyecto empresarial conforme a lo previsto en el art. 9.

Durante este período, las partes deberán negociar de buena fe con vistas a alcanzar un acuerdo, fijando, a la apertura del período de consultas, un calendario de reuniones a celebrar dentro de dicho período y aportando para ello cuantas soluciones procedan para atenuar las consecuencias para los trabajadores afectados, todo ello a efectos de lo dispuesto en el párrafo anterior.

Dicho período se entenderá finalizado, cualquiera que sea el tiempo transcurrido, cuando se alcance el acuerdo a que se refiere el art. 14 y, en todo caso, cuando ambas partes así lo manifiesten expresamente.

2. Las comisiones negociadoras de los procedimientos de regulación de empleo deberán establecer en su acta de constitución que se constituyen como órgano colegiado en cuanto a la formación de su voluntad y el carácter vinculante de sus decisiones. Estas decisiones se adoptarán por mayoría de los miembros de la comisión negociadora que, en su conjunto, representen a la mayoría de los trabajadores del centro o centros de trabajo afectados por el expediente.

Cuando el expediente de regulación de empleo afecte a varios centros de trabajo deberá concretarse, según lo dispuesto en el art. 8, d), la forma de negociación, global o por centros de trabajo. En caso de realizarse la negociación por centros de trabajo, se adoptará, para cada centro, la decisión que vote la mayoría de los miembros de la comisión correspondiente.

En el supuesto en que la comisión negociadora esté integrada por representantes de varios centros de trabajo, para la atribución de la mayoría a esa comisión a los efectos de lo señalado en el párrafo primero, se aplicará lo que decida la propia comisión negociadora. En el caso de no existir una decisión al respecto, será considerado el porcentaje de representación que tenga, en cada caso, cada uno de sus integrantes.

Las consultas realizadas con las representaciones de los trabajadores y la posición de las partes interesadas en las mismas deberán reflejarse en una o más actas y, en todo caso, en un acta final comprensiva del contenido de las negociaciones mantenidas, con reseña suficiente de la documentación y de los informes que hubieran sido examinados.

3. El empresario y la representación de los trabajadores podrán acordar, en cualquier momento del período de consultas, la sustitución del mismo por los procedimientos de mediación o de arbitraje que sean de aplicación en el ámbito de la empresa, regulados en los acuerdos sobre solución extrajudicial de conflictos laborales de nivel estatal o de nivel autonómico.

En todo caso, el procedimiento de mediación o arbitraje deberá desarrollarse dentro del plazo máximo de duración establecido para la consulta con los representantes de los trabajadores.

4. (Derogado).

III. DOCUMENTACIÓN ANEXA EN EL PERÍODO DE CONSULTAS

Arts. 6-8 Real Decreto 801/2011.

Art. 6. Documentación en los despidos colectivos por causas económicas.

(Declarado vigente en cuanto que se entiende vigente, en lo que no se oponga a la definición de las causas económicas, prevista en el párrafo segundo del apartado 1 del art. 51 del Estatuto de los Trabajadores por art. 2 de Orden ESS/487/2012, de 8 de marzo).

1. En los despidos colectivos por causas económicas, la documentación presentada por el empresario incluirá una memoria explicativa de las causas que dan lugar a su solicitud, que acredite, en la forma señalada en los siguientes apartados, los resultados de la empresa de los que se desprendan una situación económica negativa que pueda afectar a su viabilidad o a su capacidad de mantener el volumen de empleo y que justifique que de los mismos se deduce la razonabilidad de la decisión extintiva para preservar o favorecer su posición competitiva en el mercado.

2. Para la acreditación de los resultados alegados por la empresa, el empresario podrá acompañar toda la documentación que a su derecho convenga y, en particular, deberá aportar las cuentas anuales de los dos últimos ejercicios económicos completos, integradas por balance de situación, cuentas de pérdidas y ganancias, estado de cambios en el patrimonio neto, estado de flujos de efectivos, memoria del ejercicio e informe de gestión o, en su caso, cuenta de pérdidas y ganancias abreviada y balance y estado de cambios en el patrimonio neto abreviados, debidamente auditadas en el caso de empresas obligadas a realizar auditorías, así como las cuentas provisionales a la presentación de la solicitud del expediente, firmadas por los administradores o representantes de la empresa solicitante. En el caso de tratarse de una empresa no sujeta a la obligación de auditoría de las cuentas, se deberá aportar declaración de la representación de la empresa sobre la exención de la auditoría.

3. Cuando la situación económica negativa alegada consista en una previsión de pérdidas, el empresario, además de aportar la documentación a que se refiere el apartado anterior, deberá informar de los criterios utilizados para su estimación. Asimismo, deberá presentar un informe técnico sobre el carácter y evolución de esa previsión de

pérdidas basado en datos obtenidos a través de las cuentas anuales, de los datos del sector al que pertenece la empresa, de la evolución del mercado y de la posición de la empresa en el mismo o de cualesquiera otros que puedan acreditar esta previsión. Igualmente, deberá acreditar el volumen y el carácter permanente o transitorio de las pérdidas a efectos de justificar la razonabilidad de la decisión extintiva en los términos indicados en el apartado 1.

4. Cuando la empresa solicitante forme parte de un grupo de empresas, con obligación de formular cuentas consolidadas, deberán acompañarse las cuentas anuales e informe de gestión consolidados de la sociedad dominante del grupo debidamente auditadas, en el caso de empresas obligadas a realizar auditorías, durante el período señalado en el apartado 2, siempre que en el grupo existan empresas que realicen la misma actividad o pertenezcan al mismo sector de actividad y que existan saldos deudores o acreedores de la empresa solicitante con cualquier empresa del grupo. Si no existiera obligación de formular cuentas consolidadas, además de la documentación económica de la empresa solicitante a que se ha hecho referencia, deberán acompañarse las de las demás empresas del grupo debidamente auditadas, en el caso de empresas obligadas a realizar auditorías, siempre que dichas empresas tengan su domicilio social en España, tengan la misma actividad que la solicitante o pertenezcan al mismo sector de actividad y tengan saldos deudores o acreedores con la empresa solicitante.

Art 7. Documentación en los despidos colectivos por causas técnicas, organizativas o de producción.

(Declarado vigente en cuanto que no se oponga a la definición de las causas organizativas, técnicas o de producción, del art. 51.1, párrafo tercero del Estatuto de los Trabajadores por art. 2 de Orden ESS/487/2012, de 8 de marzo).

1. En los despidos colectivos por causas técnicas, organizativas o de producción, la documentación presentada por el empresario incluirá una memoria explicativa de las causas técnicas, organizativas o de producción, que den lugar a su solicitud, que acredite, en la forma señalada en el siguiente apartado, la concurrencia de alguna de las causas señaladas y que justifique que de las mismas se deduce la razonabilidad de la decisión extintiva para contribuir a prevenir una evolución negativa de la empresa o a mejorar la situación de la misma a través de una más adecuada organización de los recursos, que favorez-

ca su posición competitiva en el mercado o una mejor respuesta a las exigencias de la demanda.

2. El empresario deberá aportar los informes técnicos que acrediten, en su caso, la concurrencia de las causas técnicas, derivadas de los cambios, entre otros, en los medios e instrumentos de producción; la concurrencia de las causas organizativas derivadas de los cambios, entre otros, en los sistemas y métodos de trabajo del personal o la concurrencia de las causas productivas derivadas de los cambios, entre otros, en la demanda de los productos y servicios que la empresa pretende colocar en el mercado.

Art 8. Documentación común a todos los procedimientos de regulación de empleo.

[Declarado vigente en cuanto que se entiende vigente, salvo lo dispuesto en la letra b). Lo dispuesto en la letra f) se entenderá referido al plan de recolocación externa en los términos establecidos en el art. 51.10 del Estatuto de los Trabajadores por art. 2 de Orden ESS/487/2012, de 8 de marzo].

Cualquiera que sea la causa alegada para los despidos colectivos, el empresario deberá acompañar la siguiente documentación a su solicitud:

a) Número y clasificación profesional de los trabajadores que vayan a ser afectados, así como de los trabajadores empleados habitualmente durante el último año.

Cuando el expediente de regulación de empleo afecte a más de un centro de trabajo, dicha información deberá estar desglosada por centro de trabajo y, en su caso, provincia y Comunidad Autónoma.

b) Justificación de la razonabilidad del número de extinciones en relación con la concurrencia de la causa económica y la finalidad de preservar o favorecer la posición competitiva de la empresa en el mercado. Cuando se trate de causas técnicas, organizativas o de producción, justificación de la razonabilidad del número de extinciones en relación con la concurrencia de la causa y la finalidad de contribuir a prevenir una evolución negativa de la empresa o de mejorar la situación de la misma a través de una más adecuada organización de los recursos, que favorezca su posición competitiva en el mercado o una mejor respuesta a las exigencias de la demanda.

c) Relación nominativa de los trabajadores afectados o, en su defecto, concreción de los criterios tenidos en cuenta para designar a los mismos y período a lo largo del cual está previsto efectuar las extinciones de los contratos de trabajo.

d) Información sobre la composición de la representación de los trabajadores, así como de la comisión negociadora del expediente de regulación de empleo, especificando, en el supuesto de ser varios los centros de trabajo afectados, si la negociación se realiza a nivel global o diferenciada por centros de trabajo. Asimismo, información sobre los centros de trabajo sin representación unitaria y escrito de comunicación a que se refiere el art. 4.3 o, en su caso, actas relativas a la atribución de la representación a la comisión mencionada en dicho artículo.

e) Copia de la comunicación a los representantes de los trabajadores del inicio del período de consultas junto con el escrito de solicitud a los mismos del informe a que se refiere el art. 64.5, a) y b), del Estatuto de los Trabajadores.

f) En empresas de cincuenta o más trabajadores, plan de acompañamiento social, conforme a lo señalado en el art. 9.

IV. COMPETENCIAS DE LOS DELEGADOS DE PREVENCIÓN

Art. 36. 1 LPRL Son competencias de los Delegados de Prevención.

a) Colaborar con la dirección de la empresa en la mejora de la acción preventiva.

b) Promover y fomentar la cooperación de los trabajadores en la ejecución de la normativa sobre prevención de riesgos laborales.

c) Ser consultados por el empresario, con carácter previo a su ejecución, acerca de las decisiones a que se refiere el art. 33 de la presente Ley.

d) Ejercer una labor de vigilancia y control sobre el cumplimiento de la normativa de prevención de riesgos laborales. En las empresas que, de acuerdo con lo dispuesto en el apartado 2 del art. 38 de esta Ley, no cuenten con Comité de Seguridad y Salud por no alcanzar el número mínimo de trabajadores establecido al efecto, las competencias atribuidas a aquél en la presente Ley serán ejercidas por los Delegados de Prevención.

2. En el ejercicio de las competencias atribuidas a los Delegados de Prevención, éstos estarán facultados para:

a) Acompañar a los técnicos en las evaluaciones de carácter preventivo del medio ambiente de trabajo, así como, en los términos previstos en el art. 40 de esta Ley, a los Inspectores de Trabajo y Seguridad Social en las visitas y verificaciones que realicen en los centros de trabajo para comprobar el cumplimiento de la normativa sobre prevención de riesgos laborales, pudiendo formular ante ellos las observaciones que estimen oportunas.

b) Tener acceso, con las limitaciones previstas en el apartado 4 del art. 22 de esta Ley, a la información y documentación relativa a las condiciones de trabajo que sean necesarias para el ejercicio de sus funciones y, en particular, a la prevista en los arts. 18 y 23 de esta Ley. Cuando la información esté sujeta a las limitaciones reseñadas, sólo podrá ser suministrada de manera que se garantice el respeto de la confidencialidad.

c) Ser informados por el empresario sobre los daños producidos en la salud de los trabajadores una vez que aquél hubiese tenido conocimiento de ellos, pudiendo presentarse, aun fuera de su jornada laboral, en el lugar de los hechos para conocer las circunstancias de los mismos.

d) Recibir del empresario las informaciones obtenidas por éste procedentes de las personas u órganos encargados de las actividades de protección y prevención en la empresa, así como de los organismos competentes para la seguridad y la salud de los trabajadores, sin perjuicio de lo dispuesto en el art. 40 de esta Ley en materia de colaboración con la Inspección de Trabajo y Seguridad Social.

e) Realizar visitas a los lugares de trabajo para ejercer una labor de vigilancia y control del estado de las condiciones de trabajo, pudiendo, a tal fin, acceder a cualquier zona de los mismos y comunicarse durante la jornada con los trabajadores, de manera que no se altere el normal desarrollo del proceso productivo.

f) Recabar del empresario la adopción de medidas de carácter preventivo y para la mejora de los niveles de protección de la seguridad y la salud de los trabajadores, pudiendo a tal fin efectuar propuestas al empresario, así como al Comité de Seguridad y Salud para su discusión en el mismo.

g) Proponer al órgano de representación de los trabajadores la adopción del acuerdo de paralización de actividades a que se refiere el apartado 3 del art. 21.

3. Los informes que deban emitir los Delegados de Prevención a tenor de lo dispuesto en la letra c) del apartado 1 de este artículo deberán elaborarse en un plazo de quince días, o en el tiempo imprescindible cuando se trate de adoptar medidas dirigidas a prevenir riesgos inminentes. Transcurrido el plazo sin haberse emitido el informe, el empresario podrá poner en práctica su decisión.

4. La decisión negativa del empresario a la adopción de las medidas propuestas por el Delegado de Prevención a tenor de lo dispuesto en la letra f) del apartado 2 de este artículo deberá ser motivada.

OTROS TÍTULOS DE EDITORIAL BOMARZO

COLECCIÓN ESTUDIOS

ACCIDENTE DE TRABAJO Y SISTEMA DE PRESTACIONES. *María José Romero Rodenas (Coordinadora).*

LA ESTRUCTURA DE LA NEGOCIACIÓN COLECTIVA: MARCO JURÍDICO Y DISCIPLINA CONTRACTUAL. *Federico Navarro Nieto.*

TIEMPO DE TRABAJO Y CONCILIACIÓN FAMILIAR. *Jesús Lahera Forteza y Juan Carlos García Quiñones.*

EL DERECHO A LA CLÁUSULA DE CONCIENCIA DE LOS PROFESIONALES DE LA INFORMACIÓN. *Carolina Blasco Jover.*

LA CONCILIACIÓN DE LA VIDA LABORAL, FAMILIAR Y PERSONAL EN LA NEGOCIACIÓN COLECTIVA DE CASTILLA-LA MANCHA. *María José Romero Ródenas (Editora)*

DERECHO DE LA PREVENCIÓN DE RIESGOS LABORALES. *Amparo Garrigues Giménez (Coordinadora)*

LA PENSIÓN DE VIUDEDAD ANTE LOS NUEVOS RETOS DEL DERECHO DE FAMILIA. *Elena Desdentado Daroca*

LA PROTECCIÓN DE LA MATERNIDAD FRENTE A LOS RIESGOS DERIVADOS DEL TRABAJO. *Mercedes Sánchez Castillo*

GESTIÓN PRÁCTICA DE PLANES DE IGUALDAD. *Olimpia Molina Hermosilla (Editora)*

LA SEGURIDAD SOCIAL EN CONTINUO CAMBIO. *Jordi Agustí Julià y Josep Fargas Fernández (coordinadores)*

EL PERSONAL DOCENTE E INVESTIGADOR LABORAL DE LAS UNIVERSIDADES PÚBLICAS: ASPECTOS LEGALES Y NEGOCIACIÓN COLECTIVA. *Ana María Romero Burillo y Josep Moreno Gené (coordinadores)*

LA NEGOCIACIÓN COLECTIVA ANTE LA CRISIS ECONÓMICA. *Ricardo Bodas Martín (Coordinador)*

PERSPECTIVA DE GÉNERO EN LAS POLÍTICAS PÚBLICAS DE CONCILIACIÓN EN CASTILLA-LA MANCHA. *María del Carmen Hurtado Martínez (Coordinadora)*

LA PARTICIPACIÓN DE LOS SINDICATOS EN LAS FUNCIONES NORMATIVAS DE LOS PODERES PÚBLICOS. *Helena Ysás Molinero (Coordinadora)*

EL PERSONAL INTERINO DE LAS ADMINISTRACIONES PÚBLICAS. *Juan López Gandía y Daniel Toscani Jiménez*

IGUALDAD Y NO DISCRIMINACIÓN. LA PROYECCIÓN SOBRE EL TRATAMIENTO LABORAL DE LA DISCAPACIDAD. *María del Mar Ruiz Castillo*

INSTITUCIONES DE CONCILIACIÓN DE TRABAJO CON EL CUIDADO DE FAMILIARES. *Emma Rodríguez Rodríguez*

LOS EMPRESARIOS COMPLEJOS: UN RETO PARA EL DERECHO DEL TRABAJO. *Rosario Gallardo Moya y Lorenzo Gaeta (Coordinadores)*